W9-AVT-342

QUIN SHERRER y
RUTHANNE GARLOCK

Una Madre guiada por el Espíritu

En busca de la ayuda de Dios cuando más lo necesitas

EDITORIAL UNILIT

Sepa

Publicado por
Editorial Unilit
Miami, Fl. 33172
Derechos reservados

© 2005 Editorial Unilit (Spanish translation)
Primera edición 2005

© 2004 por Quin Sherrer y Ruthanne Garlock
Originalmente publicado en inglés con el título:
Becoming a Spirit-Led Mom por
Harvest House Publishers
Eugene, Oregon 97402
www.harvesthousepublishers.com
Todos los derechos reservados.

Ninguna parte de esta publicación podrá ser reproducida, procesada en algún sistema
que la pueda reproducir, o transmitida en alguna forma o por algún medio elec-
trónico, mecánico, fotocopia, cinta magnetofónica u otro excepto para breves citas en
reseñas, sin el permiso previo de los editores.

Traducción: Raquel Monsalve
Diseño de la portada: Alicia Mejías
Fotografía de la portada: Getty Images

Las historias narradas son basadas en hechos reales y han sido usadas con permiso. En
ciertos casos las circunstancias de algunos sucesos y los nombres de las personas han
sido cambiados para proteger la identidad de los personajes.

Se incluyen las referencias bibliográficas en la página 239.

Producto 495369
ISBN 0-7899-1258-9
Impreso en Colombia
Printed in Colombia

Este libro está dedicado a las jóvenes
mamás que desean que el Espíritu Santo las guíe
en la crianza de sus hijos y las desafíe a cumplir
el destino de Dios para sus vidas.

En la actualidad se están convirtiendo en las mujeres
de Proverbios 31.

Se reviste de fuerza y dignidad,
y afronta segura el porvenir.
Cuando habla, lo hace con sabiduría;
cuando instruye, lo hace con amor.
Está atenta a la marcha de su hogar,
y el pan que come no es fruto del ocio.
Sus hijos se levantan y la felicitan;
también su esposo la alaba:
«Muchas mujeres han realizado proezas,
pero tú las superas a todas».
Engañoso es el encanto y pasajera la belleza;
la mujer que teme al SEÑOR es digna de alabanza.
¡Sean reconocidos sus logros,
y públicamente alabadas sus obras!
Proverbios 31:25-31

Reconocimientos

Con especial agradecimiento a:

Nuestros hijos: Quinett, Kieth y Sherry, y Linda, Melody y Bradley, que han sido una fuente de enorme gozo en nuestras vidas y un medio que Dios ha usado para enseñarnos tanto acerca de sí mismo.

Nuestros nietos: Lyden, Victoria, Kara, Evangeline, Ethan y Samuel, y Amanda, Rachel, Lidia y Joel, que nos traen mucho deleite a esta época de nuestras vidas, y que representan nuestra esperanza para el futuro.

Nuestros esposos: LeRoy y John, cuyo apoyo en oración y ayuda práctica hicieron que nuestra tarea fuera mucho más fácil.

Nuestros agentes: Ann Spangler y Linda Peterson Kenney, cuya creatividad ayudó a que naciera la idea para escribir este libro.

Nuestros editores en Harvest House: Terry Glaspey y Kim Moore, cuya ayuda en este proyecto ha sido invaluable.

Todas las mamás que nos permitieron contar sus historias a fin de llevar inspiración y esperanza a una nueva generación de mamás guiadas por el Espíritu.

Contenido

Un Ayudante para tu travesía como mamá

Ustedes no viven según la naturaleza pecaminosa sino según el Espíritu, si es que el Espíritu de Dios vive en ustedes [...] Porque todos los que son guiados por el Espíritu de Dios son hijos de Dios.

ROMANOS 8:9, 14

*T*e has preguntado alguna vez: *Cómo voy a enfrentar esto,* después de recibir una nota de la maestra de tu hijo de ocho años exigiéndote una reunión para discutir asuntos de disciplina? La nota dice que tu Guille comenzó una pelea en el patio durante el recreo. Sin embargo, él insiste que el otro niño le pegó primero, y el otro niño es el nieto de tu jefe. Entonces te lamentas: *Ah, Señor, ¿cómo es que me convertí en adulta tan pronto?*

Es probable que te sientas como si no entendieras por completo el mundo; y con todo ahora tienes la responsabilidad de guiar vidas jóvenes. ¿Dónde puede uno encontrar las respuestas? Si eres como nosotras, convertirte en mamá te hace más consciente de las debilidades que nunca tuviste antes.

La mayoría de las mamás se sienten fuera de lugar para la monumental tarea de criar a sus hijos. Además de la energía necesaria para suplir las demandas prácticas de una familia, este alto llamado requiere gracia, discernimiento, paciencia, sabiduría y sensibilidad; cualidades que la mayor parte de las mujeres, si son sinceras, dirán que les faltan en cantidades considerables.

No obstante, hay una respuesta. Dios, que creó a las madres en primer lugar, ha provisto todo lo que necesitas para criar a tus hijos con eficiencia. Lo único que hace falta es que aproveches la increíble fuente de poder por medio del Espíritu Santo.

Como llegar a ser una madre guiada por el Espíritu está lleno de historias contemporáneas, ejemplos de las Escrituras y pautas para la oración que te ayudarán a aplicar el poder del Espíritu Santo a los desafíos que enfrentas todos los días en la crianza de tus hijos. Nosotras dos hemos vivido muchas situaciones similares a las de las madres cuyas historias contamos aquí. Hemos luchado con los mismos sentimientos negativos que tal vez te incomodan: culpa, temor, desilusión, enojo, arrepentimiento, impaciencia y desesperación, para nombrar unos pocos.

Hoy en día, no tenemos hijos pequeños en nuestros hogares, pero hablamos a grupos de mujeres en todos los Estados Unidos, y las mujeres que conocemos a menudo nos hablan de sus frustraciones y sus luchas como mamás. Nos podemos identificar con ellas, pero también les ofrecemos esperanza.

Nosotras tenemos relaciones estrechas con nuestros hijos y nietos. Es más, yo (Quin) tengo una relación constante y personal con mis seis nietos pequeños y que viven cerca. He visitado sus escuelas y conozco a sus maestros. He asistido a sus partidos de fútbol. He visitado salas de pediatras, salas de hospital, clínicas para la terapia del habla, he asistido a reuniones de juntas de los colegios y a sus clases de Escuela Dominical. Conozco a sus amigos y a los padres de sus amigos.

También sé que mis nietos crecen en un mundo diferente por completo al que conocieron sus padres cuando eran niños, una época cuando los podía dejar ir caminando a la escuela sin tener que preocuparme por su seguridad. Si alguna vez hubo una época en que las mamás necesitan la ayuda del Espíritu, es hoy en el siglo veintiuno.

Tal vez te sientas como me sentí yo en una época de mi vida, que aunque eres creyente, todavía luchas con tu papel como madre. Mis hijos estaban en la escuela primaria y secundaria antes que supiera siquiera que el Espíritu Santo estaba disponible para fortalecerme, alentarme, guiarme, darme poder, traerme revelaciones, darme dones espirituales o amar por medio de mí. Sin embargo, enseguida descubrí que tenía que pedirle *cada día* que me capacitara para ser una mejor madre. Es probable que tú también hagas ese descubrimiento.

Cuánto agradezco que todos mis hijos aprendieran el valor de depender del Espíritu Santo para ayudarles a criar a sus pequeños hijos. Creo que me habría evitado muchos dolores de cabeza si alguien me hubiera hablado antes de este maravilloso don. ¡Qué determinante ha sido el Espíritu Santo en mi vida!

En contraste a la experiencia de Quin, yo (Ruthanne) tuve una profunda experiencia cuando descubrí al Espíritu Santo durante los primeros años de mi adolescencia. Aun así, después de graduarme de la universidad, cuando enfrenté el desafío de ser madrastra de dos hijas, supe de seguro que necesitaría su ayuda y dirección como nunca antes para desempeñar ese papel. Cuando me casé con John, las niñas tenían ocho y trece años de edad. Entonces cuando nació nuestro hijo dos años después, enfrenté una nueva serie de problemas en nuestra familia mixta. Por supuesto que cometí errores a lo largo del camino, pero sin la ayuda del Espíritu Santo nuestra familia no tendría las amorosas relaciones que tenemos hoy en día.

Ahora, cada vez que hablo en seminarios o retiros de mujeres, conozco a mujeres que luchan con los problemas únicos de ser madrastra. Me identifico con sus luchas y les aseguro que, con la ayuda del Espíritu Santo, pueden encontrar paz, sabiduría y dirección para saber cómo relacionarse con sus hijastros y amarlos con el amor de Dios.

Es nuestra esperanza que las mamás solteras, las casadas y las madrastras, que trabajan con dedicación exclusiva en la casa o fuera de ella, encuentren aliento aquí. Ya sea que todavía tengan hijos en casa o que estén en proceso del «lanzamiento» de sus hijos hacia sus futuras vocaciones, oramos que el Espíritu Santo les equipe y faculte a cada una de ustedes para disfrutar la travesía en la que están y terminar la carrera con gozo.

Quin Sherrer y Ruthanne Garlock

1

No lo puedo hacer sola

La necesidad de poder espiritual de una mamá

*Acerquémonos, pues, confiadamente al trono
de Dios y hallemos allí misericordia
y gracia para el momento en que lo necesitemos.*

HEBREOS 4:16, LBD

*Hijos. Para mí, la palabra misma destella vida y risa.
Desde que son bebés hasta la adolescencia, los hijos rebosan energía.
Cada uno de ellos representa una vida de potencial: para nuestro
Señor y para la humanidad. Ninguna otra cosa nos exige tanto que
nos apoyemos en el Señor como la crianza de los hijos[1].*

ELIZABETH GEORGE

Las mamás saben que necesitan ayuda.

A alguna altura en nuestra trayectoria como mamás, nos impacta con toda su fuerza la intimidante tarea de criar a un hijo para que sea un adulto responsable e independiente, y al mismo tiempo un siervo de Dios amoroso e influyente. Es una realidad que da que pensar.

Sin embargo, podemos usar el poder del Espíritu Santo a fin de recibir sabiduría para nuestros problemas, consuelo para los dolores del corazón y renovación para nuestro cansancio. Cuando Jesús les explicó a sus seguidores que los tendría que dejar muy pronto, los consoló con esta promesa: «Y yo le pediré al Padre, y él les dará otro Consolador para que los acompañe siempre: el Espíritu de verdad [...] vive con ustedes y estará en ustedes» (Juan 14:16-17).

Te animamos a que invites al Espíritu Santo a que te dé poder para criar a tus hijos para Dios. Él puede darte la sabiduría y la ayuda que necesitas; no dejes de aprovechar este don disponible para todo creyente. El Espíritu Santo que mora en ti te capacita para hacer uso de su poder para enfrentar cualquier situación en la vida.

El Espíritu Santo es determinante

Antes de aprender que podía pedirle al Espíritu Santo que me ayudara en situaciones difíciles con mis hijos, recuerdo (Quin) una noche cuando perdí la paciencia. Nuestra hija de doce años había invitado a una amiga a pasar la noche con ella, y les permití que durmieran en el sofá cama de la planta baja. Mi esposo se tenía que levantar a las seis de la mañana para ir a trabajar, así que se los recordé antes de darles las buenas noches.

A la una de la madrugada bajé las escaleras y les pedí a las niñas que dejaran las risitas y no hablaran más. A las dos y media mi esposo bajó y les pidió que se callaran. A las cuatro bajé otra vez, y esta vez grité: «Tu padre tiene que ir a trabajar en dos horas. Sube las escaleras ahora mismo y ve a tu cuarto... las dos. Y duérmanse».

Mientras las dos niñas subían las escaleras obedeciendo, me volví a acostar. Por fin, la casa estaba en silencio, pero no me podía dormir. Otra voz me mantenía despierta. Una voz suave y apacible que me dijo: «Hiciste mal en gritarles. Perdiste la paciencia y no fuiste un buen ejemplo. Sí, actuaron mal, pero tú también actuaste mal. Ahora ve y pídeles perdón a esas niñas».

Treinta minutos después cedí a esa voz, me levanté y fui al cuarto de mi hija y toqué a la puerta. «Niñas, lo siento. No les debería de haber gritado», les dije. «Ustedes hicieron mal en hablar hasta tan tarde, pero quiero que me perdonen por mi enojo y por gritarles». Ellas lo hicieron, y nos abrazamos las unas a las otras.

Esa escena me pasa por la mente a menudo, aun después de todos estos años, y me recuerda lo importante que es para mí confiar en la ayuda del Espíritu Santo en lugar de manejar los asuntos por mi cuenta.

No es un papel fácil

En nuestra encuesta a docenas de mamás, les pedimos que identificaran los asuntos más difíciles que enfrentaban en su papel de madre. Estos son algunos que mencionaron con más frecuencia.

- lidiar con asuntos de disciplina

- enfrentarse a la rivalidad entre hermanos

- luchar con el sentimiento de culpa por los errores cometidos

- tratar de inculcar valores espirituales en las vidas de sus hijos (y a menudo sintiéndose un fracaso en la tarea)

- ayudar a sus hijos a lidiar con la desilusión de no lograr una meta deseada

- lidiar con una enfermedad crónica o la depresión de un hijo

- ayudar a sus hijos a encajar en el grupo de sus compañeros

- dejar en libertad a los hijos para que tengan sus propias experiencias con Dios

Sin duda, te puedes identificar con uno o dos de estos asuntos con los que luchan de vez en cuando las mamás de todas partes.

Es bueno admitir que aún no has alcanzado la perfección... que tienes algunas cosas que debes mejorar. A decir verdad, no conocemos a la «madre perfecta» ni tampoco conocemos al «hijo perfecto». Sin embargo, podemos tener como meta *llegar a ser* una mamá sensible a la dirección del Espíritu Santo. Esto significa «crecer para ser». Así que podemos decir que estamos *en el proceso* de llegar a ser una madre guiada por el Espíritu.

Cierto, habrá días en los que sientes que fracasas en la tarea. Con todo, lo importante es que no te enfoques en tus errores. En su lugar, puedes aprender de ellos, humillarte delante de Dios, y a veces delante de tus hijos, pidiendo perdón, y luego darle gracias por ayudarte a mejorar hasta que veas más éxitos que fracasos.

Los resultados no son instantáneos

Llegar a ser o crecer para ser una madre guiada por el Espíritu no es algo instantáneo, como ilustra nuestra próxima historia. Conocí (Quin) a una joven mamá llamada María cuando dirigía la adoración en una reunión donde me invitaron a ser la oradora. Hacía solo seis años que era cristiana. Sin embargo, su amorosa relación personal con Jesús era evidente mientras adoraba y tocaba la guitarra, guiándonos literalmente a la presencia del Señor. Fue algo tan maravilloso que apenas recobré la compostura para levantarme y hablar.

Me enteré que María creció en una familia disfuncional en la que su padre alcohólico abandonó a su madre y a sus tres hijos, y que ella solo asistía a la iglesia alguna que otra vez. Debido a que identificaba a Dios con su papá, María hizo todo lo posible por ser «una buena muchacha» para que Dios la amara. Pasó mucho tiempo antes que aprendiera que su Padre celestial la ama de forma incondicional y que no podía ganar su aprobación por el buen comportamiento.

María terminó la universidad, se casó y tuvo un hijo antes que recibiera su primera Biblia como un regalo de una amiga. La leyó con profunda hambre, pero todavía llamaba a menudo a esta amiga y se quejaba de sus problemas. Un día, la mujer la reprendió: «María, tú no le has dado a Dios la autoridad en tu vida. Tratas de hacer todo por tu cuenta».

Sabiendo que su amiga decía la verdad, María se arrodilló en su cuarto y oró: «Entra a mi corazón, querido Señor, y límpiame de todos mis pecados. Lávame, límpiame y cambia mi vida. Ayúdame a ser una esposa y madre que te traiga gloria. Enséñame cómo puedo ganar a mi familia y a mis amigos para ti. Oro en el nombre de Jesús, amén».

Más o menos por ese tiempo, el padre de María necesitaba un trasplante de riñón, y María era la persona que tenía la genética perfecta para donarle un riñón. Sintió que Dios quería que lo hiciera, no solo como un acto de compasión, sino como un camino para alcanzarlo para Jesús. Su oración fue contestada cuando, poco después de la operación, el padre de María entregó su vida a Cristo.

«Justo después de ser cristiana aprendí que debo depender del Señor para cada una de las decisiones que tomo, por cada manera en que reacciono con mi esposo, mis hijos y otros parientes», dijo. María, cuyos hijos ahora tienen ocho, seis y dos años, hace varias cosas para mantener su andar con el Señor:

- 🌸 Lee la Biblia todos los días, medita en ella y anota sus reflexiones en un diario.

- 🌸 Se mantiene en contacto con algunas cristianas maduras a las que les pidió que fueran sus consejeras.

- 🌸 Tiene amistad con otras mamás guiadas por el Espíritu. «Trato de rodearme de mujeres cristianas de modo que, aun en mis días malos, tenga un buen ejemplo de cómo responderles a mis hijos».

- 🌸 Es voluntaria en el departamento de música y en el ministerio de hospitalidad en su iglesia, así que puede usar los dones y talentos que le ha dado Dios.

✤ Lee biografías de cristianos que han cambiado el mundo e historias sobre compositores que escribieron algunos de los himnos que ama.

✤ Busca maneras de llevar a Dios a todas las cosas que hace con sus hijos. María dice: «Cuando los niños se lastiman, nos detenemos y oramos por sanidad de ese daño».

La lista de María no es una receta universal para criar hijos piadosos; tú puedes hacer la tuya propia. Hay muchas cosas simples que puede hacer una mamá que producirán resultados eternos. No obstante, lo importante es buscar la ayuda del Espíritu Santo en tu relación con tus hijos, y tratar de considerar sus necesidades físicas, emocionales y espirituales.

Se necesita más gracia

Una de las muchas bendiciones que puede proveer el Espíritu Santo es ser dirección para ayudarnos a orar según la voluntad de Dios (véase Romanos 8:26-27). Cuando se trata de las relaciones familiares, a veces las emociones nos empañan el razonamiento. Aun así, podemos contar con el Espíritu Santo para que nos ayude a orar con eficacia y de acuerdo a la voluntad de Dios en situaciones específicas concernientes a nuestros hijos y familiares. A través de los años, he llegado (Ruthanne) a depender de este maravilloso recurso.

Cuando me casé con mi esposo, John, era viudo con dos hijas, de ocho y trece años. La muerte de su madre ocurrió un poco más de un año antes, después de una breve enfermedad sin darles mucho tiempo de advertencia. De inmediato, John tuvo que sacar a las niñas de la escuela y mudarse al otro extremo del país para vivir con amigos mientras se establecía en un nuevo trabajo. Cuando lo conocí, los tres se habían mudado a una casa propia, y él luchaba con los desafíos de ser un padre solo.

Aunque creía que era Dios el que nos había unido, no estaba preparada para enfrentar las dificultades que encontré cuando me convertí en madrastra. Y si fue una lucha para mí, de seguro que fue aun más difícil para Linda y Melody. Los tiempos más difíciles fueron cuando John tenía que viajar y caía sobre mis hombros hacer cumplir las reglas del hogar y tomar decisiones en cuanto a la disciplina. Enseguida aprendí a pedir la sabiduría de Dios por cada problema en cuanto se presentaba.

Todavía recuerdo el sábado que me desperté en la mañana después que John había salido de viaje para cumplir con un compromiso de orador. Hacía siete semanas que nos habíamos casado. De pronto, me sentí sobrecogida de miedo de haber cometido un enorme error al haberme casado con John y haber asumido la responsabilidad de criar dos hijas. Como la mente se me llenaba de duda y culpa, comencé a clamar al Señor para que me diera su paz.

El Espíritu Santo me recordó al instante de una tarde específica después que nos comprometimos cuando con seriedad había considerado romper el compromiso. Había ido a un culto en la capilla sola y le pedí al Señor que me mostrara con claridad lo que debía hacer. Para cuando terminó el servicio, sentía la seguridad de Dios de que era su voluntad que me casara con John y que debía confiar en Él para ayudarme con todos los ajustes que requería mi nueva vida.

Al volver la vista atrás, hacia esa tarde en que sentí su clara dirección, le di gracias al Señor por adelantado por darme la gracia, la sabiduría y la fortaleza que necesitaría para entablar una relación con mis dos hijastras. Le pedí al Señor que ministrara sus necesidades emocionales y que me ayudara a amarlas con amor incondicional.

Un antiguo himno que había aprendido años antes se convirtió en mi declaración de fe. Cuando las cosas se ponían difíciles, esas palabras me recordaban la fidelidad de Dios y me aseguraban que su gracia es suficiente para todo lo que necesitara.

Su gracia es mayor

Su gracia es mayor si las cargas aumentan,
Su fuerza es mayor si la prueba es más cruel.
Si es grande la lucha mayor es su gracia,
Si más son las penas, mayor es su paz.

Su amor no termina, su gracia no acaba,
Un límite no hay al poder de Jesús;
Pues de sus inmensas riquezas en gloria,
Abundan sus dones, abunda su amor.

Si nuestros recursos se habrán agotado,
Si fuerzas nos faltan para terminar,
Si al punto ya estamos de desanimarnos,
El tiempo ha llegado en que Dios obrará[2].

Annie Johnson Flint (1886-1932)

Por supuesto que cometí errores, y el mayor de ellos fue no reconocer por completo el trauma experimentado por John y sus hijas. Si pudiera regresar y hacer algunas cosas diferentes, lo haría. Sin embargo, he aprendido que Dios puede redimir nuestros errores de maneras maravillosas y que nos ayuda a compensar por ellos. Ahora, treinta y nueve años más tarde, estoy muy agradecida por la amorosa relación que tengo con Linda y Melody, y con sus hijos. Saben que oro por ellos en forma regular, y sienten la libertad de pedirme que ore por situaciones específicas. Por cierto, Dios me ha probado que su gracia es mayor que cualquier problema que enfrente jamás.

Recuerda que Dios puede sustituir las cenizas con una corona en todos los problemas que enfrentes (véase Isaías 61:3).

Una mamá escribió esto como testimonio de su experiencia:

He encontrado una ayuda tremenda en la oración
por mis hijos y mi familia temprano de mañana, y
también de la oración intercalada a través del día.

He llegado a ver a Dios como el mejor psicólogo de niños. Hizo a nuestros hijos. Los conoce mejor que nadie, y tiene todas las respuestas que necesito. Algunas veces me da nuevas perspectivas mientras oro, a veces mediante su Palabra, en ocasiones a través de otras personas (madres, abuelas, amigos, mi esposo), y en otras mediante el paso del tiempo. Aun así, ir a Él primero es esencial para mí, y luego miro para todas partes a fin de ver sus respuestas.

«Ayúdame, Señor»

Volver la vista atrás a los errores del pasado es una experiencia humillante. No obstante, nada se desperdicia en la economía de Dios, ni siquiera los pesares o las veces en que nos sentimos fracasados como padres.

Me dirigí (Quin) al Señor muchas veces admitiendo: «No puedo hacer esto sola. Ayúdame, ayúdame, ayúdame», en la época en que mi esposo y yo tratábamos de criar a nuestros hijos en «la disciplina e instrucción del Señor» (Efesios 6:4). Éramos maestros de la Escuela Dominical y líderes en la iglesia cuando le pedimos al Señor que nos diera poder con su Espíritu a fin de que lográramos vivir con más eficacia para Él. Nuestros hijos habían asistido a la iglesia con nosotros desde pequeños, pero cuando hicimos este compromiso total con el Señor, eran preadolescentes.

Nuestra renovación también influyó en nuestros hijos. Comenzamos a tener devocionales familiares alrededor de la mesa de la cocina, alentando a nuestros hijos a aprender de memoria pasajes bíblicos, a orar en voz alta y a mantener diarios de oración mientras aprendíamos. Recuerdo con claridad cuando cada uno de ellos se puso de pie en público en la iglesia e invitó a Cristo a que entrara en su corazón.

Para cuando se fueron a la universidad, nos dimos cuenta de la gran influencia que ejercía la presión de sus compañeros y de que se alejaban de Dios. Durante cinco años, mi esposo y yo oramos con diligencia por un cambio en sus vidas. Pasé horas buscando en la Biblia las promesas de Dios para nuestra familia. Escuché a pastores, líderes de la iglesia y a mamás de más experiencia. Algunas veces escribía las oraciones de estas personas y luego las adaptaba y las hacía mis oraciones.

Una tarde, escuché a una amiga orar por sus cuatro hijos y sus trece nietos: «Señor, líbralos de los errores, líbralos del engaño, y que sean dignos de pararse ante ti cuando vengas». Esa oración la incorporé a mis peticiones diarias por mis hijos.

En otra ocasión, una de mis compañeras de oración mayores, hizo la siguiente oración por mis hijos: «Señor, libra a los hijos de Quin de los malos amigos, de los malos ambientes y de las malas influencias, y trae a las personas adecuadas a sus vidas». De inmediato agregué esa oración a mis peticiones diarias por mis hijos. Además, parafraseando versículos bíblicos, hacía oraciones como estas con regularidad:

> Señor, tu Palabra dice que tú enseñarás a todos mis hijos, y que se multiplicará su paz; reclamo esa promesa para cada uno de ellos. Tu Palabra también dice que la descendencia de los justos será librada. Gracias, Señor, que soy justa porque Jesús derramó su sangre por mí, y mis hijos son mi descendencia. Así que confío en que los librarás de las cosas malas que los han apartado de ti (véanse Isaías 54:13 y Proverbios 11:21, RV-60).

Durante esos cinco años difíciles, mi esposo y yo veíamos cosas en nuestros hijos que no honraban a Dios. Aunque con la ayuda del Espíritu Santo, nos manteníamos firmes en sus promesas y seguíamos orando, y les pedíamos a algunos amigos que oraran por nuestros hijos para que se cumplieran los propósitos de Dios en sus vidas. Cuando mi hijo venía a casa de la universidad algún fin de semana, a veces le decía un versículo bíblico antes de que regresara a la universidad. Una vez le dije: «Hijo, tú eres un poderoso hombre de Dios». También encontré otros versículos bíblicos que podía parafrasear, a menudo colocando su nombre en ellos, mientras oraba varios para él.

Nuestros tres hijos regresaron al Señor el mismo año. Desde entonces, cada uno ha asistido a un instituto bíblico y ha participado en programas en el extranjero, desde contrabandear Biblias en la China hasta ayudar a construir una iglesia en el África, a ministrar en Europa, Israel, Asia y los Estados Unidos.

Aun cuando volver la vista atrás a veces es doloroso, veo la fidelidad de Dios a través de todos mis errores. Ahora me doy cuenta de que debí haber orado más y predicado menos... haber dicho más palabras de aliento en lugar de crítica... escuchar más a lo que en realidad trataban de decir en lugar de juzgarlos con demasiada rapidez. Debí haber observado sus amistades mucho más de cerca.

Estaba aprendiendo, experimentando y tratando de escuchar la voz del Señor en esos días. Aun así, hoy puedo ver que Dios ha sobrepasado con mucho lo que podría haber pedido o pensado cuando contestó nuestras oraciones por nuestros hijos.

El año pasado, mi hijo me envió una tarjeta por el Día de las Madres que tenía este verso:

> Las madres están hechas por los desafíos
> que solucionan, las dificultades que vencen,
> y por luchar con problemas extraordinarios.
> ¡Yo te hice lo que eres hoy, mamá!
> Feliz Día de las Madres[3].

Y en la parte de debajo de la tarjeta, me escribió:

> Mamá, creo que por todo lo que has escrito sobre mí,
> tengo que llevar algo del crédito, el resto es del Señor.
> ¡Gracias por ser tú!
> Con amor, el Hijo Número Uno

Cuando recibí esa tarjeta, me acordé de la noche cuando, después de terminar la universidad, nos llamó por teléfono para pedirnos perdón. Su padre y yo lo perdonamos, pero es sorprendente que no recordáramos lo que le perdonamos. ¡El borrador del Espíritu Santo lo elimina todo! Hoy atesoro los recuerdos felices y divertidos de su niñez. Cuando se lo pedimos, el Señor nos ayuda de verdad a ajustar nuestras actitudes y sanar nuestras relaciones.

El desafío para las mamás que crían solas a los hijos

Llegar a ser una madre eficiente, que participa de forma activa en la crianza de sus hijos es una tarea muy grande, pero para las mamás solas es aun más difícil. A principios del año 2000, el número de madres solteras en los Estados Unidos había llegado a diez millones[4]. Y la mayoría de estas mamás debe trabajar fuera de sus hogares. Michelle es una de ellas.

Después de escapar de un matrimonio de maltratos, ella y su hijo párvulo, Stuart, se mudaron al hogar de sus padres hasta que pudo conseguir un trabajo que le pagara lo suficiente como para mantener un apartamento para los dos. Debido a que su ex esposo contribuye muy poco en lo financiero, una de las principales preocupaciones de Michelle es manejar sus finanzas con ingresos moderados.

«Tengo que depender de Dios para que me enseñe a estirar el dinero, a buscar ropa en liquidación y a localizar actividades culturales gratis a las que pueda llevar a mi hijo», nos dijo. «Sobre todo, necesito al Espíritu Santo para que me ayude a ser más eficiente como madre de mi único hijo sin reprimirlo. Y también debo cuidarme de no ceder a las demandas de Stuart ni malcriarlo solo porque no tiene a su papá a su lado».

Michelle enseguida admite que no puede criar a su hijo sin la ayuda de Dios. Su día comienza a las cinco y media de la mañana cuando lee la Biblia por diez minutos estando aún en la cama. A continuación, hace una breve oración pidiéndole a Dios que la guía durante el día antes de dirigirse a darse una ducha. Después prepara los almuerzos, supervisa los preparativos de su hijo para ir a la escuela, hace los pagos para enviar por correo y el desafío de salir de casa a tiempo a fin de dejar a Stuart en la guardería y llegar a su oficina a las siete y media de la mañana. Luego enfrenta un ajetreado día en la computadora y el teléfono, interactuando con docenas de personas en su trabajo.

Stuart, que ahora tiene siete años de edad y en segundo grado, va a la guardería antes y después de la escuela. Por las tardes juega con unas dos docenas de niños hasta que su mamá lo recoge antes que cierre la guardería a las seis de la tarde.

En cuanto llega a casa, Michelle se quita los zapatos y se tira en su cama para una corta siesta mientras Stuart mira un vídeo cristiano. Luego prepara la cena para los dos, se asegura que el niño haga las tareas y le lee antes de arroparlo en la cama.

Los sábados la encuentran limpiando la casa, lavando la ropa en la lavandería automática, comprando los víveres, haciendo mandados y algunas veces yendo a la caza de ropas en tiendas de artículos de segunda mano. Asiste a una iglesia conocida por la cantidad de jóvenes que forman parte de su congregación, y una vez al mes ayuda con la clase de Escuela Dominical de Stuart. Además de encontrar el muy necesitado apoyo espiritual del grupo para madres solteras que se reúne en su iglesia, en ocasiones Michelle se reúne con otras mamás en un parque para que sus hijos jueguen juntos mientras conversan las mamás.

«Criar sola a un hijo no es fácil», dice. «Durante el día me encuentro orando a menudo, pidiéndole a Dios sabiduría para ser una buena madre y también una buena empleada cuando tengo que lidiar por teléfono con un cliente enojado.

»Como mamá, tengo que depender del Espíritu Santo para que me ayude a hacer las elecciones adecuadas para mi hijo. Un día, mientras Stuart jugaba afuera con un amigo, escuché una sarta de malas palabras que salieron de la boca de su amiguito. Corrí afuera y les expliqué por qué tal tipo de "malas palabras" era inaceptable por completo. El otro niño pidió perdón, pero al poco rato estaba maldiciendo de nuevo. Le tuve que decir a

Stuart que no podía jugar más con ese niño. Por supuesto que esto es difícil, pues hay muy pocos niños en nuestro edificio de apartamentos de la edad de mi hijo».

Sin embargo, hay influencia masculina positiva en la vida de Stuart. Juega con sus primos varones, pasa tiempo con su abuelo y a veces pernocta en su casa, y a menudo va con su tío a partidos de béisbol y fútbol. Michelle siente que son bendecidos por vivir cerca de familiares que son una buena influencia en su hijo.

«Es probable que la disciplina sea el asunto más difícil», se lamenta. «Lograr que Stuart obedezca la primera vez que le digo algo ha sido lo más difícil. Una vez, camino a una fiesta de cumpleaños, le pedí que dejara de jugar con un bolígrafo de punta fina porque se podía lastimar si tenía que detener el auto de pronto. No me obedeció aunque se lo dije por segunda vez. No dije nada y oré sobre lo que debía hacer. *Solo llévalo de vuelta a casa*, sentí que me dirigía el Espíritu Santo. Así que di la vuelta y conduje hacia nuestro hogar. Stuart estaba sorprendido y desilusionado de haberse perdido la fiesta de su amiguito, pero le expliqué que hay castigos por la desobediencia. Después de ese incidente, estuvo mucho más dispuesto a escuchar y obedecer.

»Algunas veces es difícil de verdad tomar decisiones como esta, pero el Señor me da ideas creativas en el momento que las necesito. Hace años invité al Espíritu Santo para que fuera mi Maestro, y yo dependo de Él para que me ayude en mi tarea de criar sola a mi hijo, y en cada una de las otras esferas de mi vida».

Siempre en el aprendizaje, siempre con el apoyo de Dios

Las siguientes palabras de Glenda Malmin nos ayudan a ver la tarea de las madres desde una perspectiva más amplia:

La travesía de la maternidad tiene un principio, pero no tiene fin. Una vez que entras en ella, tu vida se convierte en una continua participación en la vida de tu hijo. La comprensión de que no le das vida a una simple carne humana, sino a un alma eterna, se apodera de tu espíritu de una manera que inspira asombro.

La maternidad también tiene etapas de cambio. Habrá días de gozo, cuando sientes que no hay otro niño como el tuyo. Y habrá días de frustración y de agotamiento cuando te parece que no hay otro niño como el tuyo [...] He descubierto que varían las etapas, al igual que las emociones involucradas en ser madre. También he descubierto que no importa si eres una mamá soltera o una mamá casada, tu tarea tiene dimensiones similares a la de todas las madres[5].

Todas estamos en etapas diferentes, todavía aprendiendo, todavía dependiendo del Espíritu Santo para que nos enseñe. A medida que pasas por las diferentes fases de la crianza de tus hijos, recuerda siempre que, en los tiempos buenos y en los malos, puedes encomendar a tus hijos a las manos de Dios y confiar en Él para que les revele su amor y su fidelidad.

El Señor quiere darnos el poder para ser mamás eficientes e influyentes. Sin embargo, no logramos alcanzar nuestro pleno potencial de eficiencia como madres si no usamos el poder del Espíritu Santo para ayudarnos. Hagamos una pausa ahora mismo, démosle gracias a Dios por nuestros hijos y pidámosle que nos guíe en su crianza.

Oración

Señor, te doy gracias por los hijos que has confiado a mi cuidado: _____(nómbrelos)_____. Sé que tus planes para mis hijos son para bien y no para mal, y para darles esperanza y un futuro (véase Jeremías 29:11). Señor, deseo inculcarles amor por ti y el deseo de que anden en tus caminos, pero me siento muy incompetente para la tarea. Por favor, envía al Espíritu Santo para que me instruya y me dé poder. Ayúdame a amar a mis hijos con tu amor, y dame tu sabiduría mientras enfrento los desafíos que traerá su futuro. Gracias por redimir mis errores y por impartirnos tus bendiciones a mis hijos y a mí. Amén.

Pasajes bíblicos para la Meditación

«Pero el Consolador, el Espíritu Santo, a quien el Padre enviará en mi nombre, les enseñará todas las cosas y les hará recordar todo lo que les he dicho» (Juan 14:26).

«Que el Dios de la esperanza los llene de toda alegría y paz a ustedes que creen en él, para que rebosen de esperanza por el poder del Espíritu Santo» (Romanos 15:13).

«¿No saben que el cuerpo del cristiano es templo del Espíritu Santo que Dios le dio, y que el Espíritu Santo lo habita? El cuerpo no es nuestro, porque Dios nos compró a gran precio. Dediquemos íntegramente el cuerpo y el espíritu a glorificar a Dios, porque a Él pertenecen» (1 Corintios 6:19-20, LBD).

«Dios, por su poder, nos ha concedido todo lo que necesitamos para la vida y la devoción, al hacernos conocer a aquel que nos llamó por su propia grandeza y sus obras maravillosas. Por medio de estas cosas nos ha dado sus promesas, que son muy grandes y de mucho valor, para que por ellas lleguen ustedes a tener parte en la naturaleza de Dios y escapen de la corrupción que los malos deseos han traído al mundo» (2 Pedro 1:3-4, DHH).

«Dios ha dicho: "Nunca te dejaré; jamás te abandonaré". Así que podemos decir con toda confianza: "El Señor es quien me ayuda; no temeré. ¿Qué me puede hacer un simple mortal?"» (Hebreos 13:5-6).

2

El poder para tus temores

En busca de paz duradera

Al de carácter firme lo guardarás en perfecta paz,
porque en ti confía. Confíen en el SEÑOR para siempre,
porque el SEÑOR es una Roca eterna.

ISAÍAS 26:3-4

El temor solo tiene poder al grado en que cedemos a su engaño.
El temor roba nuestro poder al embaucarnos para que
creamos sus mentiras. Los temores imaginarios se pueden
convertir en reales si los creemos. Aun los más infundados
pueden alterar el curso de nuestra vida y así cambiar nuestro
destino. El destino para los hijos de Israel era la tierra prometida,
pero renunciaron a las promesas de Dios para aceptar sus temores.
Colocaron su fe en sus temores. Y al hacer esto escogieron
las mentiras del diablo en lugar de la verdad de Dios[1].

LISA BEVERE

*U*n sinnúmero de mamás lucha con sus propios temores, aun cuando Dios nos promete la paz. Algunos de los principales temores que las mujeres nos contaron incluyen el temor al futuro, al rechazo, al fracaso, a la carencia económica, al abandono, a la enfermedad, al dolor, a la muerte, a perder a un ser amado. A menudo, nuestros temores más inquietantes son los que conciernen a nuestros hijos.

En este capítulo queremos mostrarte el camino hacia la paz que solo Dios puede dar. Su paz está a nuestra disposición a pesar del ruido que hacen los pequeños, el trabajo que dan los niños en edad escolar, la confusión interna de la discordia de un adolescente o los posibles peligros que enfrentan los hijos adultos en el caótico mundo actual.

En realidad, el temor y la fe comienzan en un punto en común: Ambos creen que va a suceder algo. El temor malsano cree que va a suceder algo malo, tal como una calamidad. Por otro lado, la fe cree que va a suceder algo bueno o que Dios va a traer un resultado positivo de una desilusión. La mayoría de nosotras somos una mezcla de esas dos cualidades, pero podemos escoger cuál va a dominar nuestros pensamientos y acciones. Cuanto más decidamos caminar en fe con nuestras mentes siempre fijas en Dios, tanto más su paz va a llegar a ser nuestra ancla.

En un nivel muy práctico, el temor puede servir. Cuando mi (Ruthanne) hijo de voluntad firme tenía dos años, siempre trataba de alejarse de mí cuando lo sacaba del automóvil y no quería que lo tomara de la mano cuando cruzábamos el estacionamiento. Eso fue hasta un día cuando corrió delante de mí y casi lo atropella un automóvil mientras nos dirigíamos al supermercado. Después de ese episodio, tuvo un miedo saludable de los autos y estaba dispuesto a darme la mano. El desafío es enseñarles a nuestros hijos a tomar precauciones razonables contra los peligros mientras les inculcamos la confianza en Dios de que los protegerá de una ansiedad malsana.

Es casi seguro decir que el temor es una de las armas más poderosas que nuestro enemigo, el diablo, usa contra las mamás. Nuestro adversario nos ataca con pensamientos torturantes que paralizan nuestra fe, nos llenan la mente imaginándonos lo peor, abruman nuestras emociones y causan que nos enfoquemos en el problema antes que en la solución.

Muchas veces en sus enseñanzas y en sus oraciones, Jesús dio advertencias o hizo referencias a este adversario. Aun así, *siempre* les dio a sus seguidores la seguridad de su provisión: «El ladrón [es decir, el diablo] no viene más que a robar, matar y destruir;

yo he venido para que tengan vida, y la tengan en abundancia» (Juan 10:10).

Reconocer la fuente del temor es un paso hacia su derrota. Cada vez que sintamos que el enemigo nos está robando la paz llenándonos de temor, podemos traer nuestros pensamientos bajo control al enfocarnos en la promesa que nos dio Jesús: «En este mundo afrontarán aflicciones, pero ¡anímense! Yo he vencido al mundo» (Juan 16:33). Él es nuestra fuente de paz, no de temor.

En medio de nuestro mundo lleno de ansiedad y temor, el mensaje de Dios es este: «¡No temas!». Una vez tras otra en toda la Biblia, Dios nos dice que no tengamos ansiedad, miedo, preocupación ni terror. Como mamás guiadas por el Espíritu, necesitamos prestar atención a ese mensaje cada día del año.

Situaciones de «¿Y qué si?»

Nunca olvidaré (Quin) mi primer encuentro con el temor como nueva mamá. Mi bebé tenía seis semanas, y debido a que mi doctor regular lo llamaron al servicio militar, tuve que viajar con mi mamá a una ciudad grande cercana para el primer examen médico de mi hija. Ya había perdido un bebé antes de nacer, y era natural que tuviera temor en cuanto a mi hija recién nacida.

«Quítele la ropa a la niña y luego démela», dijo la enfermera. Con renuencia le entregué mi hija a una mujer vestida de blanco que desapareció detrás de una puerta que cerró, creo que para pesar y medir a mi hija. Otras enfermeras vinieron y se llevaron bebés desnudos de las manos de otras madres, y a ninguna de nosotras se nos permitió seguirlas. Estaba al borde del pánico.

«¿Y qué si me traen de vuelta al bebé equivocado?», le pregunté a mamá con un tono de voz muy serio.

«No creo que me puedan engañar a mí. Voy a conocer a mi nieta ya sea que tenga ropa o no», me respondió con una risita.

Ahora parece tonto, pero tenía mucho miedo. Esterilizaba tantas cosas como podía en nuestra casa, pues estaba decidida a que este bebé no se contagiaría de ninguna enfermedad y tampoco se me iba a morir. Yacía despierta de noche escuchándola respirar.

Como mamá me identifico con muchos otros temores. Con el tiempo, atravesé otras experiencias dolorosas, tal como entregarle a mi hija menor a un cirujano de los ojos cuando solo tenía ocho meses, esperar en una sala de emergencia para que los médicos me dijeran el alcance de los daños que un hijo sufrió por un accidente automovilístico, intentar hacer tratos con Dios cuando temía que nuestro hijo estuviera perdido en el golfo de México después de hacer surf, orar contra el cáncer cuando nuestra hija en edad universitaria sufrió la extirpación de un ovario, luchar con la ansiedad y el deseo de implorar: «Por favor, ¡regresa a casa!», cuando encontraron una bomba en la puerta de nuestra hija mayor mientras vivía en Israel.

Cuando nuestros hijos crecían, muchas veces le permití a mi imaginación pensar con desenfreno. ¿Cuál sería la próxima cosa mala que sucedería? A mí se me ocurría un montón de posibilidades. No obstante, sobrevivimos muchas fiebres altas, enfermedades de niños y fracturas de huesos. Y más tarde, compromisos y promesas rotas. A la larga, me di cuenta de que debía confiar en Dios para que me ayudara a pasar una situación cada vez. Aunque, ¡caramba!, cómo puede la mente jugarnos trucos si nos dejamos llevar por las situaciones de «¿Y qué si?» como solía hacerlo yo.

Este es un buen consejo para que sigan las mamás.

Préstale tu atención completa a lo que Dios hace en este momento, y no te alteres por lo que quizá suceda o no mañana. Dios te va a ayudar a lidiar con cualquier cosa difícil cuando llegue la hora [...] Enfréntate a los problemas de hoy con la fuerza de hoy. No comiences a resolver los problemas de mañana hasta que llegue mañana. Todavía no tienes la fuerza de mañana. Solo tienes la fuerza suficiente para hoy[2].

Impón la victoria sobre el temor

Nuestra amiga Leah nos contó cómo llegó a un punto de confiar cada día, después de largos años de lucha con el temor. Su lucha comenzó con sus frecuentes enfermedades en su niñez, lo que causó que su madre y su abuela la protegieran demasiado. Uno de sus tíos y algunos primos, aprovechándose de su temor, la acosaban con amenazas absurdas hasta el punto que entraba corriendo en su casa y se escondía debajo de la cama.

Sus temores continuaron en su matrimonio, atormentándola con pensamientos de que su esposo le podría ser infiel mientras realizaba viajes de negocio. O que un ladrón podría entrar a su apartamento mientras estaba sola en casa. Después del nacimiento de sus dos hijas, su ansiedad pareció intensificarse.

Al final, le contó a su esposo lo desdichada que se sentía viviendo en un temor casi constante. «Él me ayudó a entender que la mejor defensa es un buen ataque», dijo. «Si me encontraba con una actitud defensiva, era demasiado tarde, el enemigo ya tenía ventaja. Busqué en las Escrituras mis armas para el ataque, sobre todo en el Salmo 91. Una nota al pie de página en mi Biblia de estudio dice: "Las maravillosas promesas de todo este capítulo dependen en que uno cumpla con exactitud las condiciones de estos dos primeros versículos"».

El que habita al abrigo del Altísimo se acoge a la sombra del Todopoderoso [cuyo poder no hay enemigo que pueda resistir]. Y le digo al SEÑOR: «Tú eres mi refugio, mi fortaleza, el Dios en quien confío» (Salmo 91:1-2).

Leah dijo que tenía que enfocarse de verdad en habitar en Dios y declarar: «Señor, decido confiar en ti y depender de ti». A continuación iba a los lugares que tenía que revisar una y otra vez, como la puerta del frente, los armarios, la cortina del baño. En voz alta proclamaba las promesas del Salmo 91, y le daba gracias a Dios por enviar a sus ángeles para que la protegieran a ella y a su casa.

A medida que Leah ganaba su victoria sobre el temor, se dio cuenta de que su hija mayor daba señales de convertirse en una niña miedosa tal como lo fue ella. Así que comenzó a usar la Biblia como su arma de ataque.

«Soy cuidadosa en enseñarles a mis hijas la importancia de ser precavidas sin inculcarles temor», nos dijo. «Les hemos enseñado que cuando sientan miedo deben decir: "No tengo miedo, en el nombre de Jesús". Algunas veces Becky quiere que lo diga en su lugar, pero insisto en que ella lo debe decir por sí misma. Les hemos enseñado 1 Juan 4:4: «Queridos hijos [...] el que está en ustedes es más poderoso que el que está en el mundo».

Cada vez que Leah siente que surge el temor, usa la Palabra de Dios contra el miedo, y sus hijas, que ahora son adolescentes, hacen lo mismo. «Esta es nuestra mayor arma para imponer la victoria que hemos visto en nuestra familia», nos dijo[3].

La fe y la confianza disipan el temor

Al igual que Leah, Dottie es una mamá cuyos temores vinieron de experiencias de su pasado. Un poco antes de nacer, a su padre lo llamaron al servicio militar y lo enviaron a pelear en la guerra del Vietnam. Regresó destrozado por completo, y pasó varios años en el pabellón para enfermos mentales de hospitales de ex combatientes de guerra.

Aunque aceptó a Jesucristo como su Salvador en su juventud, en su corazón Dottie estaba cada vez más enojada con Dios por lo que le sucedió a su papá. Durante un culto de santa cena en su universidad, lloró y musitó una corta oración: «Señor, invito al Espíritu Santo a que venga y me ayude, me corrija, me cambie. Me rindo a lo que tú quieres hacer en mi vida».

Esa oración la impulsó a una travesía espiritual, y unos años más tarde se casó con Sean, que llegó a ser un capellán militar. Aunque trataba de servir al Señor, Dottie luchaba todavía con su enojo interno. Entonces, cuando Sean comenzó a dar señales de depresión, el temor se hizo su compañero inseparable. Cualquier cosa asociada con el temor comenzó a invadir sus pensamientos. Algunos días Sean tenía tanta depresión que ella lo tenía que vestir para ir al trabajo. Otros días, cuando le leía la Biblia y le cantaba himnos, era como si le hubiera dado una inyección de un medicamento y él funcionaba con normalidad. Con el tiempo, la oración al fin lo llevó a la victoria sobre la depresión.

La primera hija de Dottie, Gena, nació sin señales de problemas. Sin embargo, a los cuatro meses, su crecimiento comenzó a retrasarse y comenzó a mostrar señales de hiperactividad. Durante los primeros trece meses de su vida, la niñita nunca dormía más de dos horas seguidas ni de noche ni de día. Esto no solo afectó los nervios y las fuerzas de Dottie, sino que alimentó más temor a sus pensamientos. ¿Moriría su bebé?

Por último, los médicos determinaron que Gena estaba intoxicada por el plomo de las viejas tuberías de agua de la casa en la base militar y les sugirieron que usaran agua embotellada. Poco a poco Gena comenzó a aumentar de peso, pero continuó su hiperactividad. Dottie recordó cómo su esposo recibió la paz durante el tiempo de su depresión, así que comenzó a cantarle himnos y a leerle en voz alta pasajes bíblicos a su bebé. Eso parecía ser lo único que la calmaba.

Poco después que naciera su segundo bebé, a Sean lo transfirieron a una base en Asia donde la contaminación del aire estaba fuera de control. Ambos niños comenzaron a sufrir de asma. En el transcurso de una semana, Dottie tuvo que llevar a Gena a la sala de emergencia diez veces. De nuevo, el temor la atacó, y un sentimiento de no tener control sobre la situación le causó enojo. ¿Lograrían sobrevivir sus hijos en tal ambiente?

La liberación de Dottie del enojo y del temor fue un proceso, como pelar una cebolla, nos dice. Cada día le pedía al Señor que escudriñara su corazón y que la cambiara. Mientras tanto, memorizaba pasajes bíblicos, aprendiendo a orar con más eficacia e invitando a mujeres mayores para que fueran sus consejeras.

Cuando los médicos le dijeron a Dottie que el asma de su hija y su hiperactividad sin duda serían permanentes, comenzó a orar contra el diagnóstico. Hizo una paráfrasis en forma de oración de Colosenses 2:14: «Anulando el acta de los decretos que había contra Gena, la cual era contraria a ella, Jesús la clavó en la cruz».

También oró que Gena, al igual que Jesús, creciera «en sabiduría, en estatura, y en favor con Dios y los hombres» (Lucas 2:52). Todas las noches bendecía a su hija y le enseñaba oraciones para que hiciera. Le explicó a Gena que la sangre de Jesús se derramó por ella y por cualquier cosa que tratara de robarle la paz.

Cuando Gena le dijo a su madre que en la pared de su dormitorio veía rostros que la asustaban, Dottie le enseñó a orar: «La sangre de Jesús puede lavar cualquier cosa, así que rostros, se tienen que ir». Aun a los tres años de edad, la niña hacía esta oración y luego le decía a su madre que desaparecieron los rostros.

En el preescolar, cuando escuchaba una mala palabra o veía algo que la asustaba en una película, oraba: «La sangre de Jesús puede lavarme la mente y el corazón».

«Les estaba enseñando a ella y a nuestros otros dos hijos que pueden ser vencedores y no víctimas», dice Dottie. Hasta ahora sigue orando esta bendición sobre sus hijos todos los días:

> El SEÑOR es quien te cuida, el SEÑOR es tu sombra protectora. De día el sol no te hará daño, ni la luna de noche. El SEÑOR te protegerá; de todo mal protegerá tu vida. El SEÑOR te cuidará en el hogar y en el camino, desde ahora y para siempre (Salmo 121:5-8).

La familia vive ahora en un lugar en el que brilla la luz del sol casi todos los días y el aire es puro, así que los síntomas de asma de los niños han disminuido de forma considerable. La hiperactividad de Gena está del todo bajo control sin tener que tomar medicamentos. Hace poco, una mujer felicitó a Dottie por su hija de ocho años diciéndole: «Es una niña muy tranquila y de buenos modales». Dottie estaba muy contenta porque recuerda los comentarios que la gente le solía hacer: «¡Ah, qué niñita tan inquieta tienes!».

¿Cómo una mamá enfrenta su propia sensación de temor y brinda la seguridad de la paz a sus hijos? Dottie se dio cuenta de que sus hijos podrían con mucha facilidad «contagiarse» de su temor, así que comenzó a decirles versículos de la Palabra de Dios, y tuvo cuidado de las cocas que decía y de la forma en que respondía a sus preguntas. Al final de este capítulo, incluimos algunos de sus versículos favoritos.

Temor a lo desconocido

¡Vaya razón para temer! Una mañana durante la escritura de este libro, me senté (Quin) en una habitación llena de mujeres, la mayoría mamás, a cuyos esposos militares los iban a enviar a la zona del golfo Pérsico o todavía estaban en entrenamiento para pelear en el frente. Muy pronto, muchas de ellas se despedirían de sus esposos sin saber cuándo los volverían a ver y si los verían de nuevo.

Sus temores eran muy reales. Las esposas de los militares enfrentan circunstancias muy diferentes a las que afrontamos algunas de nosotras. «¿Cómo te las arreglas?», le pregunté a la mujer sentada junto a mí ese día.

Darcie admitió sus muchos temores. Tiene veintiocho años de edad y tres hijos varones cuyas edades oscilan entre los dos a los seis años, y espera otro hijo en tres meses. No solo su esposo es militar, sino que también su padre y sus hermanos son militares. Ella misma está en la reserva, y quizá la hubieran llamado a servicio activo si no fuera porque estaba embarazada.

«Lo que me causa la mayor ansiedad es *lo desconocido*», admitió. «Por supuesto que me preocupa que a mi esposo lo envíen al extranjero, incluso que lo maten. Muchas veces me he preguntado cómo sería capaz de criar sola a cuatro hijos varones. ¿Sería suficiente el dinero que me dejara? Acepté a Jesús como mi Salvador a los trece años y debería saber que no es bueno ceder a este temor. Así que vivo de día en día. Creo que el único antídoto contra el temor es concentrarme en la Palabra de Dios. Les estoy enseñando versículos bíblicos a mis hijos para que tampoco cedan al temor».

Darcie y su esposo leían la Biblia juntos en forma regular, y ella le pidió que la ayudara a recordar los versículos que memorizaban. En estos momentos se está concentrando en el Salmo 116:7: «¡Ya puedes, alma mía, estar tranquila, que el SEÑOR ha sido bueno contigo!».

Esta es otra de sus partes favoritas de la Escritura. Jesús les habla a sus discípulos:

> Les he dado autoridad sobre los poderes del enemigo, y podrán hollar serpientes y alacranes. ¡Nada los dañará! Sin embargo, lo más importante no es que los demonios los obedezcan, sino que ustedes estén registrados como ciudadanos del cielo (Lucas 10:19-20, LBD).

A través del Nuevo Testamento vemos que la paz por lo general se describe como la tranquilidad interna de los creyentes que ponen su fe en Cristo. La paz de la que habló Jesús fue una combinación de esperanza y confianza firme en Dios. Aun así, como descubrió la mujer en nuestra próxima historia, muchas veces esa paz viene después de muchas pruebas.

La fe que mueve montañas

Cuando mi amiga (de Quin), Kathe Wunnerberg supo que el bebé que llevaba en su vientre tenía tantos problemas que no era posible que sobreviviera al nacer, ya había transitado por un sendero agridulce. Había luchado con la infertilidad, luego adoptó a un bebé y más tarde recibió la sorpresa de este embarazo después de quince años de matrimonio. A pesar de sus temores, confiaba en que Dios sanaría a su bebé; pero aun si no lo sanaba, se prometió que seguiría confiando en su Creador.

Mientras Kathe trataba de lidiar con el doloroso pronóstico de que la muerte era inminente para su bebé, una amiga le dijo que le iba a celebrar una fiesta de regalos por amor. Aunque su situación era única, sus amigas la querían animar con un día alentador de cantos, oración, comida y sorpresas. Cuando llegó y vio a casi cincuenta mujeres entre las cintas de adorno, globos y carteles, se sintió sobrecogida.

Esa tarde, Kathe les dio palabras de fe a sus amigas que hasta la sorprendieron a ella misma: «Todos enfrentamos montañas en el camino de nuestra vida», dijo. «Nos impiden ver lo que está delante, nos paralizan de temor y desesperanza, se yerguen como un monumento de las cosas que no podemos controlar. A pesar de eso, el sendero a la fe y la victoria es enfocarse en Aquel que mueve montañas y no en la montaña». Mirando alrededor del cuarto con los ojos llenos de lágrimas, supo que Dios había movido montañas en las vidas de muchas de esas mujeres.

Una amiga salió con mucha rapidez para buscar algo que había estado en el maletero de su auto por varios meses. Regresó al lugar, y para reafirmar lo que dijo Kathe, le dio una camiseta gris con la inscripción: «Movedores de montañas... fe que mueve montañas. Mateo 17:20». Kathe se sintió conmovida más allá de las palabras.

«Movedores de montañas» llegó a ser su lema para cuando comenzara a tener los dolores de parto y para su parto. Compró camisetas con ese lema para regalarles a sus amigas cuando la fueran a ver al hospital. Incluso colgó una camiseta en la pared de su sala en el hospital, y durante la larga noche del difícil parto, enfocó sus pensamientos en ese mensaje. Más tarde, escribió sobre la experiencia:

> Dios fue fiel al lema que me dio. Movió mi montaña de temor y la sustituyó con fe. Usó mi situación para suavizar los corazones de las personas que trabajan en el hospital, moviéndolas más cerca de Él.

Dios también movió a multitudes a través del país para que oraran por nosotros. Y aunque mi hijo no sobrevivió, Dios me dio el privilegio de ser su madre y la fe para creer que lo voy a ver de nuevo en el cielo [...]

Creía que Dios sanaría a mi hijo físicamente y proclamé en público su capacidad de llevar a cabo un milagro [...] Mi peregrinaje de fe no fue fácil. A veces me abatía con el miedo, recibía dardos de duda, estaba encadenada a expectativas y en una prisión de lágrimas. Sin embargo, Dios me sostuvo, me guió con fidelidad a través de esta experiencia y me enseñó a rendirme. Fue un proceso de abandonar cada temor, expectativa y lágrima, uno por uno, y entregárselos todos a Él. Sufrí, pero lo pude soportar[4].

Kathe no solo enterró a este hijo que tuvo después de nueve meses de embarazo, sino que en total, incluyendo los embarazos que perdió, se le murieron cuatro hijos. Más tarde, cuando me encontré con ella en una conferencia para escritores en la que yo enseñaba, ella estaba embarazada de nuevo. Por supuesto que le preocupaba su embarazo. Cuando la clase terminó, me preguntó si mi compañera de oración, Kerry, y yo podríamos orar por la salud de su bebé. Por supuesto que lo hicimos.

Le pedimos a Dios que le diera un parto seguro y un bebé saludable. También oramos contra cualquier temor de la muerte que el enemigo quizá tratara de traerle a Kathe durante los días que le faltaban para dar a luz. Fue uno de esos momentos cuando supe que el Espíritu Santo me guiaba a la forma en que debía orar, y sentí una gran confianza en que el Señor respondería a nuestras oraciones.

Después de unos meses, nació Josué, «un bebé saludable y luchador», según Kathe. Ella terminó de escribir su segundo libro sobre el sufrimiento, y después descubrió que a los cuarenta y dos años de edad estaba embarazada otra vez. Cuando nació su hijo, lo llamó Jordán, «como testimonio de que crucé a la tierra de paz, leche y miel», me escribió.

Tengo sobre mi escritorio una fotografía de una Kathe sonriente, con sus tres hijos, incluyendo a Jake, su hijo adoptado de doce años de edad, Josué y Jordán. Sobre la foto, Kathe escribió: «Es una prueba viviente del poder de Dios en acción».

El temor por el futuro de nuestros hijos

Nosotras las madres sabemos muy bien lo importante que es orar por protección para nuestros hijos desde que son pequeños. Con todo, las preocupaciones sobre los peligros que podrían encontrar después que se van del hogar y viven por su propia cuenta, nos pueden tentar a preocuparnos aun más que cuando estaban bajo nuestra mirada vigilante. Debemos enfrentar el temor con firmeza y seguir orando en fe, según nos guíe el Espíritu Santo.

Cuando a mi hijo (de Ruthanne) lo transfirieron a una universidad en la ciudad de Nueva York para sus dos últimos años de estudios, aumenté mis oraciones pidiendo protección, orando en especial el Salmo 91 sobre su vida. De vez en cuando recibía informes que me aseguraban que mis oraciones pidiendo protección no eran en vano.

Un día, Bradley me llamó para decirme que esa mañana, mientras caminaba por el predio universitario para ir a sus clases, escuchó de pronto un ruido muy grande de algo que caía y gritos. Se dio vuelta y vio que una ventana completa, el marco de metal y los vidrios, cayeron de un piso superior de un edificio en reparaciones. Cuando un grupo de estudiantes la vio caer, y que faltó muy poco para que le cayera encima, gritaron y corrieron hacia él para ver si se había herido. Él tenía pedazos de vidrios rotos en su cabello y en la espalda de su chaqueta, pero no había sufrido ningún daño. Creo con toda certeza que Dios envió a un ángel para proteger a Bradley ese día (véase el Salmo 91:11).

En otra ocasión, había comprado fichas para usar el metro en la estación cercana a la universidad, y todavía tenía en sus manos diez dólares en cambio. Entonces un joven vino hacia él y le pidió que lo ayudara diciéndole que tenía que visitar a su madre enferma y que no tenía dinero. Bradley se puso la mano en el bolsillo para sacar una ficha del metro, cuando el muchacho de pronto le arrebató el billete de diez dólares de la mano y se lanzó a correr hacia fuera de la estación.

Indignado, mi hijo corrió tras él gritando: «¡Oye, no puedes llevarte mi dinero!». Alcanzó al muchacho y le quitó el billete. Entonces corrió de nuevo al torniquete, colocó una ficha, corrió hasta el andén y entró corriendo a un tren que «tenía» la puerta abierta en ese momento. Bradley le dijo adiós con la mano al «frustrado ladrón» que estaba del otro lado del torniquete mientras el tren se alejaba de la estación.

Cuando le advertí que tenía que ser mucho más cuidadoso debido al vecindario en que vivía, esta fue su respuesta: «Bueno, mamá, este es el problema, tú me criaste para que fuera amable con la gente, así que hice lo que me enseñaste a hacer». Admitió que el administrador de la universidad les había advertido a los estudiantes que estuvieran alertas a esta clase de actividad en la zona, y él fue un poco más prudente después de este incidente. No obstante, estuvo de acuerdo conmigo en que Dios lo cuidó y que estaba muy agradecido.

Sin duda, toda mamá que ora tiene historias así, y de seguro que hay otras muchas veces cuando Dios protege a nuestros hijos de las que ni siquiera somos conscientes. Creo que el Señor nos permite aprender de tales incidentes para recordarnos su fidelidad, para darnos oportunidad de ofrecerle nuestro agradecimiento y para alentarnos a permanecer fieles en la oración.

Desde luego, el temor se puede vencer cuando invitamos a Dios o le permitimos que derrame su paz y tranquilidad en nosotros mientras caminamos por las situaciones difíciles de la vida. Él quiere capacitarnos con fe a medida que le entregamos cada temor, de día en día.

Oración

Señor, quiero ser libre del temor. Ayúdame a reclamar las promesas en tu Palabra y a confiar en ti en todo lo que sucede en mi vida y en las vidas de mis hijos. Ayúdame a inculcar esta confianza en mis hijos para que no los venza el temor. Cada vez que me sienta tentada a tener miedo, dame tus fuerzas para rechazarlo. Me entrego a ti con la confianza de que nunca me dejarás ni me abandonarás. Gracias por darme nueva esperanza y el valor de levantarme sobre mis dudas y temores. Amén.

Pasajes bíblicos para la Meditación

«Cuando siento miedo, pongo en ti mi confianza. Confío en Dios y alabo su palabra; confío en Dios y no siento miedo. ¿Qué puede hacerme un simple mortal?» (Salmo 56:3-4).

«Pero el Consolador, el Espíritu Santo, a quien el Padre enviará en mi nombre, les enseñará todas las cosas y les hará recordar todo lo que les he dicho. La paz les dejo; mi paz les doy. Yo no se la doy a ustedes como la da el mundo. No se angustien ni se acobarden» (Juan 14:26-27).

«Ustedes no recibieron un espíritu que de nuevo los esclavice al miedo, sino el Espíritu que los adopta como hijos y les permite clamar: «¡Abba! ¡Padre!» El Espíritu mismo le asegura a nuestro espíritu que somos hijos de Dios. Y si somos hijos, somos herederos; herederos de Dios y coherederos con Cristo» (Romanos 8:15:17).

«Así como los hijos de una familia son de la misma carne y sangre, así también Jesús fue de carne y sangre humanas, para derrotar con su muerte al que tenía poder para matar, es decir, al diablo. De esta manera ha dado libertad a todos los que por miedo a la muerte viven como esclavos durante toda la vida» (Hebreos 2:14-15, DHH).

«Depositen en él toda ansiedad, porque él cuida de ustedes. Practiquen el dominio propio y manténgase alerta. Su enemigo el diablo ronda como león rugiente, buscando a quién devorar. Resístanlo, manteniéndose firmes en la fe» (1 Pedro 5:7-9).

«En el amor no hay temor, sino que el perfecto amor echa fuera el temor. El que teme, espera el castigo, así que no ha sido perfeccionado en el amor» (1 Juan 4:17-18).

3

El poder para tus puntos débiles y fuertes

Aprende a depender de Dios

Todo lo puedo en Cristo que me fortalece.

FILIPENSES 4:13

Dios podría formar una montaña con mis palabras y colocarlas en contra de mí en el día del juicio. Al maligno le encanta recordarme esas palabras, sobre todo las que he dicho contra mis hijos.

Sin embargo, también he confesado que Jesús es mi Señor. Y debido a esas palabras, me pusieron en libertad, me perdonaron, limpiaron, estoy exenta de juicio, no tengo nada en mi contra, me indultaron. Al igual que la tecla de mi computadora que borra los errores, la confesión limpia las palabras descuidadas[1].

MIRIAM NEFF

Puntos débiles. Todas reconocemos que tenemos debilidades: impaciencia, lengua punzante, tendencia a preocuparnos, pereza espiritual y comprometernos demasiado, solo por nombrar algunas.

Con todo, no seas demasiado dura contigo misma. También tienes algunos puntos fuertes. Y puedes pedir la ayuda del Espíritu Santo para usarlos en forma eficaz.

Mientras comienzas a reconocer tus puntos fuertes, en el proceso puedes permitir que Dios obre en ti de formas nuevas. Puedes evitar el sendero peligroso de confiar en ti misma aprendiendo a depender del Espíritu Santo para que te ayude a usar tus puntos fuertes bajo su dirección.

Al mismo tiempo, le puedes pedir que te ayude a superar tus debilidades. A eso se le llama desarrollo del carácter. Queremos alentarte para que cultives rasgos de carácter santos a medida que enfrentas tus debilidades en tu papel de madre.

«El fruto del Espíritu es amor, alegría, paz, paciencia, amabilidad, bondad, fidelidad, humildad y dominio propio. No hay ley que condene estas cosas» (Efesios 5:22-23). Esta lista del fruto del Espíritu contrasta de forma tajante con la lista mucho más larga llamada «las obras de la naturaleza pecaminosa» (versículos 19-21). Es evidente que las cualidades que queremos mostrar en la vida solo pueden venir por medio de la obra del Espíritu Santo en nosotras. Un comentarista bíblico lo dice de esta manera:

> El Espíritu Santo siempre produce una norma de obras más noble que la carne. Y tal resultado no proviene del poder humano, sino de una Presencia santa que mora en la vida. El fruto del Espíritu es más bien carácter que conducta; es más bien ser que hacer [...]
>
> Otro aspecto del fruto es que no existe por solo existir ni debido al árbol, sino que existe para apoyar, fortalecer y refrescar a los que se preocupan por recoger su fruto[2].

El amor sustituye al enojo

Sí, necesitamos la obra del Espíritu Santo para producir este fruto en nuestra vida, pero también se requiere nuestra cooperación. Recuerdo (Quin) un tiempo cuando perdía el control con uno de mis hijos. En ese entonces, no te hubiera podido decir si mi hijo me agradaba, mucho menos si lo amaba.

Entonces, el Señor de pronto dejó caer en mi mente una referencia bíblica. La escuchaba una y otra vez: «Romanos 5:5, Romanos 5:5». La busqué y la leí: «Dios ha derramado su amor en nuestro corazón por el Espíritu Santo que nos ha dado». Esta era mi respuesta. Le podía pedir al Señor que llenara mi corazón con su amor constante e incondicional por medio del Espíritu Santo. En ese instante me detuve y le pedí que lo hiciera.

Sucedió algo milagroso. El amor sustituyó al enojo. Usé ese versículo muchas veces durante los años de la crianza de mis hijos. Literalmente, levantaba mi mano derecha hacia el cielo y oraba, y luego colocaba esa mano sobre mi corazón como un acto de recibir su amor. La oración por lo regular era así: «Señor, ¡pon tu amor en mi corazón! Por favor, hazlo, porque ni siquiera puedo encontrar mi amor de madre. Ven, Espíritu Santo. Te invito y espero con ansias que me llenes con amor desbordante por mi hijo. Te alabo y te doy las gracias. Amén».

Cuando cooperé con el Espíritu Santo, Él pudo hacer en mí, y a través de mí, lo que no podía hacer por mis propias fuerzas. En realidad, esto resume lo que quiere decir ser una madre guiada por el Espíritu. La siguiente historia es otro ejemplo.

Cómo caminar en libertad

Lisa Bevere, una madre de cuatro hijos, describe su lucha para vencer el enojo y su decisión de rendirle a Dios al fin el control de su vida. Una vez, cuando su hijo de dos años no obedeció la orden de dormir la siesta, perdió los estribos. Justo cuando iba a reaccionar de una forma terrible, el terror en los ojos de su hijo hizo que se diera cuenta de que había cruzado un umbral del enojo que no podía permitir que fuera más lejos. Como cuenta en su libro *Out of Control and Loving It*, hizo algo que pueden hacer todas las mamás: Reconoció que el problema era suyo.

Me arrojé al suelo en mi sala y lloré hasta que no me quedaron más fuerzas. En ese momento me di cuenta que el problema no tenía que ver con mis padres, mi esposo, mis hijos, las presiones, la forma en que me criaron, mi trasfondo étnico, ni mis hormonas; el problema era mío. Esas cosas eran presiones, pero yo era la única responsable de mis reacciones a ellas.

Lloré porque dudaba que alguna vez pudiera ser libre de ese enojo. Por tanto tiempo fue parte de mí que lo excusaba como una debilidad o un defecto de mi personalidad. Ahora me enfrentaba a él cara a cara. Ya no estaba envuelto en excusas. Lo vi por lo que era en realidad: una fuerza destructiva y rebelde que había permitido que me controlara[3].

Allí en el suelo esa tarde, Lisa clamó a Dios pidiéndole ayuda. «Dios, no quiero esto nunca más. Ya no lo seguiré justificando, ni culpando a nadie más por esto. Perdóname, Señor». En ese momento sintió que el peso del pecado y la culpa se levantaba de ella. Lisa se humilló, reconoció el enojo por lo que era, se arrepintió y renunció al enojo. De inmediato sintió el perdón de Dios y su promesa de equiparla para vencer en esta esfera de debilidad[4].

Aun así, como quizá descubrieras, «caminar» a diario por nuestro sendero de libertad no siempre es fácil. Quizá tome un tiempo romper los viejos patrones que hemos practicado por años y en su lugar rendirnos a la obra del Espíritu Santo de cambiarnos y renovarnos.

Una de las cosas que Dios le pidió a Lisa que hiciera fue que llamara a su mamá y le pidiera perdón. Hizo la llamada, y a través de lágrimas, mencionó un incidente muy doloroso del pasado. A medida que hablaban, la madre le pidió a Lisa que la perdonara a ella por el dolor que le causó en esa situación, diciéndole que había pesado sobre su propio corazón por años. Madre e hija se perdonaron entre sí y luego oraron la una por la otra. Lisa dice que su confesión las liberó a las dos. Admite que sentía la separación que permitió que existiera entre ambas durante todos esos años porque su madre en verdad es una mujer maravillosa[5].

La paciencia

La paciencia es otro de los aspectos del fruto del Espíritu que el Señor quiere que tengamos en nuestra vida; un rasgo que la mayoría sentimos que nos falta bastante. Sin embargo, el Espíritu Santo puede ayudarnos a cultivarla en medio de las circunstancias que prueban nuestra paciencia. La experiencia de Karen es un buen ejemplo.

Cuando esta joven mamá y su esposo se enteraron que su hijo Jasón nació con el síndrome de Down, por supuesto que se sintieron desilusionados. Entonces, después de unos días comenzaron a sentir la paz de Dios. «Sí, sufrimos al principio», dijo Karen. «Pero luego llegué a la conclusión de que mi esposo y yo, con la ayuda de Dios, estábamos juntos en el asunto de la crianza de este niño».

No le preguntó a Dios «¿Por qué?». Tampoco hubiera considerado un aborto si hubiera sabido de la anomalía antes del nacimiento del bebé. Aceptó a este hijo como regalo de Dios y confió en que Él la ayudaría a desarrollar paciencia y a ser la mejor mamá que pudiera llegar a ser.

«No cambiaría a Jasón por un niño normal, porque es el que Dios hizo para que fuera y nadie más», escribió Karen. «Se refiere al viejo dicho: "Dios no hace chatarra". Es perfecto a los ojos de Dios. A los padres de niños con este síndrome se les dice que esperen que sus hijos se desempeñen en lo más bajo de la escala, así que cualquier cosa sobre eso es un gran logro. Cada cosa pequeña que hace Jasón es un triunfo. Hay que trabajar mucho en la terapia para esos triunfos, pero hay mucho gozo cuando se logran».

Esta mamá guiada por el Espíritu ha orado por Jasón a través de muchos obstáculos físicos, incluyendo practicarle una colostomía, y luego revertir el proceso un año más tarde. A diferencia de muchos trastornos congénitos, el síndrome de Down no es una enfermedad mortal. El niño puede vivir una vida bastante normal en el hogar, y en muchos casos asistir a la escuela, aprender a escribir y tener un trabajo.

«Lo más alentador para mí es sus inocentes e infantiles cualidades», dijo Karen. «Todo lo que hacen y dicen, aun cuando son adultos, es precioso para el Señor. Nosotros la gente "normal" lo perdemos a medida que crecemos. Todas las respuestas a la oración que hemos visto en la vida de Jasón han hecho aumentar nuestra fe».

Karen le enseñó a su hijo en el hogar durante sus primeros nueve años, pero ahora lo está evaluando para ver si puede asistir a la escuela regular. Reconoce que necesita interacción con otros niños y espera que esto también mejore sus habilidades sociales.

Como mamá de un hijo con necesidades especiales, Karen sería la primera en decirte que se necesita mucha paciencia para criar a Jasón y también a sus dos hermanos. Los otros niños también tienen necesidades «que la mamá les debe suplir», y algunas veces Karen siente que la tiran en demasiadas direcciones. Con todo, ve su papel de madre como la tarea feliz que le ha dado Dios.

Cultivar el fruto de la paciencia a menudo requiere las virtudes de esperar, no rendirse, perseverar y buscar serenidad. No obstante, cuando recordamos la paciencia de Dios hacia nosotras, nos ayuda para mostrarles paciencia a nuestros hijos.

La alegría

Lo bueno en cuanto a la alegría es que no depende de la felicidad ni de circunstancias ideales. Una definición de alegría que nos gusta es: *La alegría es una actitud de agradecimiento*. Debido a que esta palabra se menciona más de doscientas veces en la Biblia, debe ser bastante importante para Dios el Padre. Podemos aprender a experimentar este fruto del Espíritu sin tener en cuenta nuestras victorias y derrotas.

Una vez tuve (Quin) un pastor que nos hacía tener una «fiesta de alegría» por cualquier miembro de la iglesia que perdiera su trabajo o que tuviera una crisis financiera. Le llevábamos comida a la casa a esa persona, teníamos un asado afuera y le asegurábamos a la familia del miembro que orábamos por ellos, y luego los bendecíamos en lo económico al recoger una ofrenda de amor.

Nuestro pastor basaba su idea en este versículo: «Considérense muy dichosos cuando tengan que enfrentarse con diversas pruebas, pues ya saben que la prueba de su fe produce constancia. Y la constancia debe llevar a feliz término la obra, para que sean perfectos e íntegros, sin que les falte nada» (Santiago 1:2-4).

Pocos consideramos una alegría cuando enfrentamos pruebas. ¿Pero queremos ser maduros en nuestra fe? Por supuesto que sí. Enseguida descubrimos que el proceso de madurez trae muchas oportunidades para mostrar alegría cuando se enfrenta la adversidad. Esta verdadera alegría puede bullir dentro de nosotros, aun si nuestro hijo saca malas notas en la escuela, las cañerías de agua en la casa se congelan y se rompen, o nuestro esposo pierde el trabajo. Puedes agregar cualquier situación que te presente un desafío.

Recuerdo (Ruthanne) un fin de semana particular cuando tuve que enfrentar una crisis tras otra hasta que casi fue una situación crítica. Mi esposo estaba fuera de la ciudad ese domingo debido a una conferencia en la que era el orador. Es más, a menudo me parecía que cuando salía de la ciudad por un fin de semana, casi se podía garantizar que ocurriría alguna clase de crisis.

Tarde por la noche ese sábado, fui al sótano a lavar pañales. Mi hijo tenía unos catorce meses en ese entonces, y eso fue antes de que los pañales desechables fueran tan comunes o fuera posible comprarlos debido a su precio. Puse los pañales a lavar en la lavadora y subí para trabajar en la cocina, pero unos minutos más tarde sentí olor a quemado. Corrí escaleras abajo, desenchufé la lavadora y me las arreglé para apagar el fuego, pero los pañales estaban sucios. No había otra cosa que hacer que escurrirlos a mano y esperar hasta el otro día e ir a una lavandería.

A la mañana siguiente dejé a mis hijas en sus clases de la Escuela Dominical, puse a Bradley en la sala de cuna y salí en busca de una lavandería. Encontré una no muy lejos de la iglesia, puse los pañales en una de las máquinas y decidí ir a la iglesia para el servicio de predicación y luego regresar para secar los pañales. No había nadie en el lugar cuando salí de allí; pero cuando regresé una hora y media más tarde con mis hijos, la máquina estaba vacía. Me habían robado los pañales.

Ahora mi problema era encontrar una tienda abierta el domingo por la tarde para comprar pañales. En la ciudad en la que vivíamos en ese entonces no había casi ninguna tienda abierta los domingos. Al fin encontré una farmacia abierta y tenía suficiente dinero para comprar una docena de pañales que me durarían hasta el lunes. Para entonces, John estaría de regreso para lidiar con la lavadora rota. ¡Ya te puedes imaginar mi respuesta cuando John llamó esa tarde para preguntar cómo marchaban las cosas!

A nadie le gusta experimentar este tipo de frustración, pero me gocé de que la casa no se hubiera incendiado y de que Dios me ayudara a conseguir los pañales que necesitaba. Aun en tiempo de prueba, podemos experimentar alegría porque Dios está en su trono.

Tenía (Quin) una amiga cuya hija se llamaba Joy, y era de la misma edad de mi hija mayor. Pero la hija de mi amiga sufría de autismo. Todos los días iban voluntarios a su casa para ayudar a la niña a aprender a gatear. Yo era una de las docenas de voluntarias que me tiraba al suelo junto a la pequeña Joy para ayudarla con los ejercicios.

Una mañana temprano, mientras todavía estaba oscuro, recibí una llamada diciéndome que Joy había desaparecido de su cuna. Los padres no sabían cuánto tiempo hacía que no estaba allí. «Ora, por favor, ora», me dijo su angustiada madre. Conduje mi automóvil a la casa de mi amiga orando todo el camino. Dios pareció colocar en mi corazón la seguridad de que la pequeñita no había sufrido daño. Le conté eso a mi amiga y le dije que teníamos que tener esperanza y gozo en esta situación difícil. Esperamos y oramos mientras los bomberos barrían una plantación de palmitos cercana. Justo antes del amanecer, la encontraron a salvo detrás de un árbol.

Enseguida me vino a la mente este versículo: «Si por la noche hay llanto, por la mañana habrá gritos de alegría» (Salmo 30:5). Allí mismo tuvimos una reunión de oración para darle gracias a Dios por proteger a Joy. ¡Y gritamos un poco de alegría!

La paz

¿Qué madre no quiere paz? ¿En especial a eso de las cinco de la tarde? La paz se puede describir como una calma serena, la ausencia de conflictos. Es posible experimentar tal paz aun en medio del caos. Aun así, solo Jesús nos puede dar paz interior en nuestra mente, alma y espíritu cuando nuestros corazones están turbados.

Cuando les preguntamos a las mamás cómo encuentran un lugar de paz, escuchamos las siguientes respuestas:

- ❋ Llamo a un «tiempo de descanso» en mi casa, así puedo tener por lo menos quince minutos de quietud. Les pido a los niños que coloreen, lean o que hagan algo que les dará alguna tranquilidad.

- ❋ Trato de tomar un breve descanso en el sofá mientras los chicos hacen actividades que no son ruidosas. Después paso el mismo tiempo de descanso en hacer algo que les gusta a los niños como: jugar un juego de mesa o ir afuera a jugar a la pelota.

- ❋ Pongo un sedante casete de pasajes bíblicos o música mientras preparo la cena a fin de permitirle al Señor que me ayude a tener paz, aun cuando deba seguir trabajando.

❧ Mando a los niños del vecindario en casa a sus mamás y llamo a los míos adentro para una actividad ya planeada que pueden hacer solos mientras yo descanso.

❧ He escrito a máquina muchos versículos bíblicos en unas tarjetas que tratan con varias esferas en las que soy más débil. Las tarjetas están en orden alfabético, así puedo tomar las de la paz cuando eso es lo que necesito.

He aquí un versículo bíblico que muchas mamás nos dijeron que les gusta: «Que el Señor de paz les conceda su paz siempre y en todas las circunstancias» (2 Tesalonicenses 3:16).

¡Vaya lo que es tratar de encontrar paz! Leí (Quin) una historia sobre Dale Evans que les conté a mis hijas, confiando en que las inspiraría mientras crían a sus hijos. Dale, la ocupada esposa de Roy Rogers, tenía siete hijos en casa y le resultaba difícil encontrar un tiempo y un lugar tranquilo para orar. Decidió que las grandes rocas redondas y apanaladas con escondijos detrás de su granero sería el lugar perfecto. Sin duda, se sentiría más cerca de Dios allí.

Sin embargo, sentada entre las rocas, lo único que escuchaba eran sus pensamientos: «¿Por qué no está comiendo Linda? ¿Está durmiendo la siesta Dottie o se está metiendo en problemas?». Entonces se sentía culpable por no orar y sentía a Dios a miles de kilómetros de distancia. Por último, se fue a un retiro de silencio en un convento en las montañas. Allí Dios le habló: *No me busques aquí. Para ti, yo estoy en medio del ruido, la confusión y los guisantes en el piso.* Allí es donde dice Dale que encontró a Dios, en su hogar en medio de todas sus ocupaciones.

En su cocina guardaba una cajita de forma de un pan de molde con versículos bíblicos que llamaba su «pan diario». Esperaba por un momento libre, tal vez mientras se cocinaba el cereal, y sacaba un versículo y lo repetía en voz alta hasta que lo memorizaba. Aprendió que no era necesario que fuera a la cima de una montaña ni a esconderse entre las rocas para hablar con Dios o encontrar su paz. Se dio cuenta de que Dios estaba a su lado a todas las horas de todos los días[6].

Sí, ocupada mamá, tú puedes encontrar a Dios hasta en el ruido y la confusión de los guisantes en el suelo. Le puedes pedir que te inunde de su paz en ese mismo lugar, con una serenidad que te libera de ansiedad y le infunde quietud a tu alma.

Las mamás guiadas por el Espíritu tienen amplias oportunidades de llevar sus debilidades al Señor. No es fácil mantener nuestros corazones limpios para que nuestras oraciones reciban respuesta (véase Marcos 11:25-26). ¿Parece que Dios trae personas papel de lija a tu vida, esas personalidades cortantes que sacan lo peor de ti? Para mí (Quin) era casi siempre una maestra que parecía tenerle ojeriza a mi hijo. O una vecina que parecía no importarle que su hijo molestara al mío.

Cuando alguien me ha ofendido, tiendo a rogar: «Oh Dios, cámbialo, cámbialo...», solo para escuchar al Espíritu Santo susurrarme que Él me quiere cambiar a mí. O si quiero gritar: «Dios, ¡saca a esa persona de mi vida!». Y Él me dice: «No hasta que puedas amarla como la amo yo».

Bendice a tus enemigos

Tenía (Quin) una amiga a la que llamaré Janet. Aprendió a aplicar un principio bíblico a una persona «papel de lija» en su vida. A ella y a su esposo les gustaba ir a los partidos de baloncesto de su hijo, y Damián contaba con su apoyo. Más tarde, a la familia le gustaba sentarse alrededor de la mesa de la cocina y comentar los hechos del partido.

No obstante, otro padre que siempre se sentaba en la misma sección de la cancha parecía que sentía una gran antipatía por Damián. Cada vez que Damián cometía el menor error, el hombre le gritaba: "Oye, Damián, señor estúpido... ¿tienes el cerebro en los pies, muchacho?».

Una vez, el esposo de Janet se enojó tanto que se fue del partido, porque sabía que si se quedaba le iba a dar un puñetazo al hombre en la cara. Por último, dejó de asistir a los partidos de Damián.

«A mi hijo lo estaban humillando y mi esposo estaba enojado. No podía pensar en otra cosa que no fuera orar», me dijo Janet. «Recordé un versículo bíblico que dice que debemos bendecir a los que nos maldicen, y orar por los que nos maltratan. El hombre maldecía a mi hijo con sus palabras. Así que oré: "Señor, en el nombre de Jesús, decido perdonar a ese hombre. Te pido que lo bendigas. Bendícelo mucho, Señor. Sigue bendiciéndolo. Amén"».

La siguiente semana Janet fue sola al partido que era en otra ciudad. El hombre que siempre le gritaba a su hijo la vio allí sola. «¿Tiene inconveniente en que me siente aquí?», le preguntó dirigiéndose a donde estaba sentada ella. «Otros padres de nuestro equipo tal vez se sienten aquí también», agregó.

Janet vaciló. ¿Dejar que se sentara a su lado? ¿Hablaba en serio? Entonces recordó su oración de bendición.

«Sí, se puede sentar aquí», le dijo asintiendo con la cabeza su aprobación.

A medida que el partido progresaba, Janet se dio cuenta de que el hombre actuaba con bastante amabilidad. Solo una vez emitió una sarta de comentarios críticos sobre el desempeño de Damián. Volviéndose a Janet le dijo: «Ah, lo siento. Tengo que aprender a mantener la boca cerrada y a controlar mi temperamento».

La persona «papel de lija» por la que había orado, y le había pedido a Dios que bendijera, ahora se disculpaba por gritarle a su hijo.

«Cuando Jesús nos enseñó a bendecir a los que nos persiguen, Él sabía que eso iba a traer un cambio, tanto en ellos como en nosotros», dijo Janet. ¿El resultado? Al final, el hombre dejó de gritarles a los jugadores, y en los juegos fuera de la ciudad se convirtió en el protector de ella.

Janet comenzó a aplicar ese versículo a otras situaciones en su vida cuando tendía a juzgar o a enojarse, aun con sus tres hijos. Me imagino que cada una de nosotras puede encontrar oportunidades para en forma consciente bendecir a alguien y decirle a esa persona que creemos que tiene dignidad y valor, en especial a nuestros hijos.

Las familias compuestas enfrentan oportunidades

Tal vez uno de los ajustes más difíciles que debe enfrentar una pareja es cuando traen hijos de matrimonios anteriores a una nueva relación familiar. Pasar por alto las debilidades en los hijos de su cónyuge es un desafío gigante, con tantas personalidades diferentes involucradas.

Cuando Saundra y Nick se casaron, hicieron una familia compuesta que incluía a sus dos hijas, la de cinco años de ella y la de siete años de él. Saundra se había convertido al Señor un poco antes de casarse, y en su corazón había decidido que el divorcio no era una opción. Nunca abandonaría su matrimonio.

Por supuesto que ningún matrimonio es una calle fácil sin badenes, desvíos o baches. Y una familia mixta tiene sus propios desafíos. «Cuando nos casamos, decidimos que las hijas iban a ser de los dos, y que haríamos todo lo posible para no mostrar favoritismo», dijo Saundra. «Pero eso no es fácil de hacer, y es evidente que no se hace sin sufrir dolor».

Muy pronto se dio cuenta de que cuando fracasó su primer matrimonio, había cometido el error de convertirse en la «mejor amiga» de su hija. Ahora necesitaba cambiar su papel de nuevo al de ser madre e hija, y permitir que su esposo corrigiera a su pequeña Dawn. Saundra tenía que vigilar su corazón, apretar los labios y tomar la determinación de no interferir. Nos dijo que estos fueron los desafíos que enfrentó:

- ❧ permitir que otra persona disciplinara a su hija

- ❧ lidiar con los otros padres de cada una de las niñas

- ❧ tratar de no pagar mal con mal a los ex cónyuges

- ❧ aceptar a la hija de su esposo como suya propia

Saundra y Nick establecieron su hogar sobre principios cristianos, y todos asistían juntos a la iglesia. Tuvieron tres hijos más, y hoy los cinco sirven al Señor de forma activa.

«Creo que el compromiso al matrimonio es lo mejor que se puede hacer por sí mismo en lo personal y por los hijos», dijo Saundra mirando hacia atrás a su matrimonio de veintinueve años. «Dios nos ha bendecido y estamos agradecidos».

Abandona tus expectativas

Audrey es otra mamá que trabajó en una familia mixta. Tenía un hijo cuando se casó con Carl, un viudo con cuatro hijos pequeños que criaba solo.

«Uno tiene que aprender la sabiduría de dejar que el Señor atrape nuestro corazón», nos dijo. «Entonces se puede salir de las dificultades de la vida, en especial cuando se consideran todas nuestras debilidades».

Su primer desafío fue la renuencia de sus hijastros en cuanto a aceptarla a ella y a su hijo en su hogar y como parte de su familia. «Carl también era un creyente bastante nuevo», dijo Audrey. «Pero debido a que el Señor me había dicho que este era el hombre con el que me debía casar, di por sentado que sería capaz de manejar mi nueva familia por mi cuenta. Sin embargo, tuve muchas dificultades relacionándome y comunicándome con sus hijos, y ahora era casi imposible pasar tanto tiempo con el Señor como lo había hecho antes. En realidad, los primeros siete años simplemente tratábamos de obedecer al Señor mientras luchábamos para poner armonía en todas esas personalidades».

Una de las formas en que pudo lidiar con la presión fue escribir en su diario. «Le podía decir a Dios todas las cosas feas que sentía dentro de mí, y parecía aclararme la conciencia», dijo. «Ya no las tenía que decir en voz alta. Le entregué mis ofensas, le pedí perdón y luego salía sin sentido de culpa, limpia por la muerte de Jesús».

Las presiones financieras los acosaban sin cesar. Tuvieron dos hijos más, y todavía vivían en una casa pequeña, de ciento veintiún metros cuadrados. «No hemos pasado hambre, pero no hemos tenido muchas cosas que otros consideran necesidades», admite.

Cuando los hijos de Carl estaban en la secundaria y en el instituto, eran muy activos en los deportes, el fútbol, *hockey*, fútbol americano, baloncesto, sóftbol. Así que la familia entera asistía a todos los partidos. Audrey decidió enseñar en el hogar a sus dos hijas menores para que pudieran estar levantadas hasta tarde y así disfrutar de los partidos, y no tenerse que levantar temprano para ir a la escuela. Le parece que esta fue una de las mejores decisiones que tomaron Carl y ella.

En retrospectiva, Audrey se da cuenta de que su vida habría sido más fácil si hubiera recibido consejería profesional antes y después de su segundo matrimonio. «No estaba preparada del todo para enfrentar esta tarea que Dios me dio el privilegio de llevar a cabo», dijo. «También me hubiera gustado que hubiésemos trabajado más en cuanto a las habilidades de comunicación, a fin de haber podido entender lo que cada niño sentía o creía en realidad. Algunas veces hay que renunciar a las expectativas de tener una familia perfecta, un matrimonio perfecto y una casa perfecta, como las de las revistas, y confiar en Dios con su plan mejor para nuestra vida. Él puede tomar nuestros huevos revueltos y hacer una tortilla perfecta».

Cada mamá tiene una elección para aprender a escuchar la voz de Dios, seguir sus directivas y permitir que el Espíritu Santo la ayude a través del proceso de maduración. Nadie ha dicho que va a ser fácil, pero las recompensas son enormes.

Anne Graham Lotz dice esto de su experiencia:

> Hace mucho tiempo que le di a Dios todo mi tiempo, veinticuatro horas al día, y luego dejo que me lo devuelva y me enseñe cómo debo emplearlo [...]

Creo que nosotras las mujeres tenemos una habilidad única para tener una relación íntima de manera especial con el Señor. De eso, podemos ser una fuente de bendición para nuestro esposo, hijos, iglesia y amigos. Jesús suple las profundas necesidades de satisfacción personal y logro. Él es el único que en realidad te conoce, te ama, te acepta, tiene un plan para ti y te da la dirección y el consejo que necesitas[7].

Qué gozo es saber que cuando nos rendimos a las formas en que el Espíritu Santo nos ayuda a llegar a ser mamás cristianas más maduras que llevan fruto, podemos ver que nuestras debilidades disminuyen y que el Señor usa nuestros puntos fuertes para traer bendición a nuestras familias.

Oración

Señor, ayúdame a desarrollar el fruto del Espíritu en mi vida. Quiero mostrar amor, alegría, paz, paciencia, amabilidad, bondad, fidelidad, humildad y dominio propio, en especial con mis hijos. Te doy gracias porque puedes entender mis debilidades y me puedes dar la fuerza para cambiarlas por tu fuerza. Deseo de todo corazón ser una madre piadosa. Ayúdame, por medio del poder de tu Espíritu Santo, a alcanzar esta meta. Amén.

Pasajes bíblicos para la Meditación

«No será por la fuerza, ni por ningún poder, sino por mi Espíritu –dice el SEÑOR Todopoderoso» (Zacarías 4:6).

«El amor es paciente, es bondadoso. El amor no es envidioso ni jactancioso ni orgulloso. No se comporta con rudeza, no es egoísta, no se enoja fácilmente, no guarda rencor. El amor no se deleita en la maldad sino que se regocija con la verdad. Todo lo disculpa, todo lo cree, todo lo espera, todo lo soporta. El amor jamás se extingue» (1 Corintios 13:4-8).

«Pero él me dijo: "Te basta con mi gracia, pues mi poder se perfecciona en la debilidad". Por lo tanto, gustosamente haré más bien alarde de mis debilidades, para que permanezca sobre mí el poder de Cristo» (2 Corintios 12:9).

«Todo lo puedo en Cristo que me fortalece» (Filipenses 4:13).

«Porque no tenemos un sumo sacerdote incapaz de compadecerse de nuestras debilidades, sino uno que ha sido tentado en todo de la misma manera que nosotros, aunque sin pecado» (Hebreos 4:15).

«Queridos hijos, no amemos de palabra ni de labios para afuera, sino con hechos y de verdad» (1 Juan 3:18).

4

El poder para disciplinar
con amor

El establecimiento de límites piadosos

No estén siempre regañando y castigando a sus hijos,
con lo cual pueden provocar en ellos ira y resentimientos.
Más bien críenlos en amorosa disciplina cristiana,
mediante sugerencias y consejos piadosos.

EFESIOS 6:4, LBD

La palabra disciplina se deriva de la raíz de la palabra discípulo
y significa «enseñar». Es un método positivo y preventivo
que se enfoca en enseñarles a los niños el comportamiento
apropiado. Por otro lado, la palabra castigo significa
«sancionar o corregir». Se aborda de forma negativa después
que ocurrió el mal comportamiento. Los padres que confunden
estos dos conceptos aplican mucho castigo con muy poca o ninguna
disciplina; y todo el mundo es desdichado[1].

TERESA A. LANGSTON

La disciplina apropiada de los hijos requiere que los padres tengan sabiduría divina, sin mencionar una gran dosis de paciencia. Casi todos los días deben enfrentar preguntas. ¿Cómo ayudas a tu hijo a entender la importancia de vivir dentro de límites saludables? ¿Qué forma de castigo es apropiada para este hijo en particular? ¿Cuándo es apropiado aplicar «amor firme»? ¿Cómo tratas a un adolescente rebelde?

El concepto bíblico de disciplina tiene tanto un lado positivo (instrucción, conocimiento y preparación) como uno negativo (corrección, castigo y censura). En realidad, la palabra disciplina significa «preparar mediante la instrucción»[2].

Sin embargo, la disciplina quizá sea una de las tareas más frustrantes que deba acometer una mamá. Cuando mis (Quin) hijos eran pequeños, era una costumbre bastante aceptada que se les dijera a los niños que tenían que esperar hasta que papá llegara a casa para recibir el castigo. Esto ponía un temor malsano y pavor en ellos que nos les ayudaba a enfrentar su mal comportamiento. En forma gradual, aprendí que tenía que ser firme y darles «tiempos de descanso» cuando rompían las reglas. Estos eran tiempos en los que debían estar solos, sin hablar y sin ningún tipo de entretenimiento. Si era una infracción grande que requería la intervención de papá, les explicaba que tendríamos que esperar y hablar sobre eso más tarde.

Como mencioné antes, algunas veces les gritaba a mis hijos y luego me avergonzaba. Entonces determiné que, con la ayuda de Dios, aprendería a ejercer mi autoridad materna sin perder el dominio propio. El modo de hacer eso era obvio: Necesitábamos establecer límites prácticos y pautas para nuestros hijos.

Mi esposo y yo hicimos una lista de lo que se les permitía en nuestra casa y el tipo de comportamiento que esperábamos de nuestros hijos; incluyendo tareas en el hogar, horas de regresar a casa y la práctica de buenos modales. De vez en cuando discutíamos estas cosas de forma detallada con nuestros hijos y las poníamos en la puerta del refrigerador por si acaso las olvidaban. También les decíamos lo que no era permitido. No me acuerdo de haber tenido que castigarlos con muchos «tiempos de descanso» después que se dieran cuenta que hablaba en serio en este asunto de la obediencia.

Todos los viernes por la noche, papá miraba sus gráficos para ver las cosas que marcaron como hechas durante la semana, y luego los recompensaba con una cantidad de dinero ya acordada para que se compraran algo especial o para una salida. Los chicos esperaban con ansias su dinero de recompensa y después casi siempre se iban a patinar al gimnasio de nuestra iglesia con sus amigos.

No obstante, el pasatiempo favorito de nuestro hijo parecía ser tomarles el pelo a sus hermanas. A veces tiraba una rana grande cerca de sus rostros, haciendo que las chicas huyeran gritando como locas. O corría tras el muy amado pato de la más chica hasta la laguna que había detrás de nuestra casa. Eso le divertía, pero no a sus hermanas. Entraban corriendo a la casa gritando: «¡Mami! Tiene otra rana. Detenlo». A decir verdad, algunas veces era difícil no reírse de las cosas que se le ocurrían a «nuestro hijo amante de las diversiones».

No es mi intención hacer creer que nunca hubo ocasiones en las que se requirió la atención de su papá, porque las hubo. Con todo, sabían que papá hablaría con cada una de ellos a solas, y si necesitaban corrección, la haría con amor y comprensión.

Tratando diferentes cosas aprendí lo que creo que es lo más importante en cuanto a aplicar disciplina y criar a los hijos: Debes buscar la dirección de Dios para cada hijo en particular, así como para cada circunstancia que enfrenta.

Algunas veces, en lugar de corrección o disciplina, el mejor curso de acción es reaccionar con compasión y comprensión. A pesar de eso, necesitamos la ayuda del Espíritu Santo para tomar esas decisiones estratégicas.

Cómo escuchar al Espíritu Santo

Marie, que es mamá de una adolescente y de una niña de diez años, está aprendiendo la importancia de buscar la dirección del Espíritu Santo en la disciplina de sus hijas con personalidades muy distintas y que tienen seis años de diferencia. Amber, la mayor, es una estudiante muy destacada y tesorera del grupo de estudiantes en su escuela, tiene muchos amigos, saca notas muy altas y es excelente en los deportes y en drama.

Christie, una niña tranquila que está en cuarto grado, no es tan competitiva como Amber y tiende a sentirse opacada por su talentosa hermana. Marie se preocupó cuando notó que Christie tenía la tendencia a exagerar los hechos cuando contaba una historia o cuando relataba algo sucedido en la escuela o en la iglesia.

Una tarde, después que Christie llegó de la escuela, madre e hija estaban sentadas en los escalones del pasillo de entrada conversando. Cuando Christie comenzó a relatar un incidente sucedido ese día, Marie supo que exageraba la verdad y decidió que ahora era el momento de enfrentar ese problema. Sin embargo, antes de abrir la boca y decirle a su hija un versículo de la Biblia sobre la importancia de decir la verdad, Marie sintió que el Espíritu Santo le ponía una inquietud en su corazón. Esperó un momento y escuchó una voz suave y apacible que le decía: *¿Por qué no le preguntas lo que en verdad está sucediendo en su corazón? Existe mucha inseguridad allí.*

En lugar de regañar a Christie, le puso el brazo alrededor de los hombros, la atrajo hacia sí y le dijo: «Cariño, ¿qué sucedió hoy en la escuela? ¿Qué te está causando disgusto?».

De inmediato Christie rompió en llanto y ocultó su rostro en el hombro de su mamá. «Ay, mamá, me siento tan fea», sollozó. «Tengo la nariz demasiado grande y mis orejas son como pantallas... y no le caigo tan bien a mi maestra como a los otros niños de mi clase...».

Marie se dio cuenta de que las exageraciones de Christie eran su forma de compensar las inseguridades que sentía cuando se comparaba con su hermana y sus compañeros de clase. Fue un momento desgarrador para esta mamá que sufrió sentimientos de inferioridad casi toda su vida. Sabía que de nada valdría tratar de convencer a su hija de que las cosas que dijo de sí misma no eran ciertas; era hora que la niña aprendiera una lección espiritual.

«¿Sabes, Christie? El enemigo, el diablo, es el que te dice todas esas cosas y te hace sentir fea e inferior», le dijo Marie secándole las lágrimas a su hija. «Dios, de ninguna manera, te mira de esa forma y no te compara con otras personas. Él te creó para un propósito especial, pero el diablo quiere impedir que tú cumplas ese propósito diciéndote mentiras. No importa cuánto trates de ganar la aprobación de las personas, esa voz todavía te va a decir esas cosas y va a tratar de hacerte sentir que no estás a la altura de los demás».

A medida que Marie le mostraba compasión a su hija y se identificaba con los sentimientos de la niña, un nuevo vínculo de acercamiento comenzó a desarrollarse entre ambas. Ahora es más sensible en cuanto a encontrar formas de elevar el amor propio de Christie y recordarle que Dios la ama tal y como es, y que Él le tiene preparado un maravilloso futuro.

«Quiero que aprenda, temprano en la vida, que puede evitar años de desdicha comparándose con otras personas, como lo hice yo», dijo Marie. «Todos los días oro: "Señor, si hay algo aquí con Christie que no me estoy dando cuenta, por favor, muéstramelo". Este verano voy a pasar tiempo extra con ella explorando sus talentos y sus intereses, y a medida que aumente su confianza, creo que el problema de la exageración va a desaparecer. Estoy muy agradecida por la ayuda del Espíritu Santo en cuanto a tratar este asunto mientras está abierta la ventana de la oportunidad».

Al volver la vista atrás, es probable que muchas de nosotras logremos identificar incidentes con un hijo en los que darles un abrazo y prestarles un oído comprensivo pudiera haber hecho más bien que nuestra bien intencionada disciplina. El ejemplo de Marie es un recordatorio de que el Espíritu Santo nos puede ayudar con las necesidades más profundas de un niño de una forma positiva que va a tener resultados que duran toda la vida.

A Elizabeth le gustaba mucho su papel de mamá de dos hijos pequeños, pero enfrentó un nuevo desafío cuando nació su tercera hija, Rebekah, quien parecía tener una energía inagotable y una voz de timbre alto. «Nuestros dos primeros hijos nunca se subieron encima de la mesa del comedor, pero Rebekah sí lo hizo», dijo. «No quería estar regañándola a cada momento por ser tan activa. Así que mi esposo y yo comenzamos a orar: "Señor, dirige la energía de Rebekah y úsala para tu gloria". Dios contestó esa oración y hoy, como adolescente, está dedicada a servir al Señor».

Sin embargo, en algunos casos tal vez una mamá no aplique la disciplina necesaria, ni les enseñe a sus hijos debido a sus propias inseguridades. De modo que este enfoque demasiado indulgente no es lo mejor para sus hijos.

Cómo asumir la responsabilidad como mamá

Cuando Jan se convirtió en la madrastra de Stacy, una niña de diez años, tenía un miedo irracional en cuanto a disciplinar a la niña cuando lo necesitara. «Me sentía muy insegura y temía mucho el rechazo. No quería perder ni su respeto ni su amor», dijo Jan. «Sin embargo, al final hablé con Stacy y con suavidad le expliqué que ahora tenía la responsabilidad de ayudarle a crecer y llegar a ser la mujer que Dios había creado para que fuera».

Durante una conversación de corazón a corazón, las dos decidieron que aun durante los momentos en que estuvieran en desacuerdo la una con la otra, nunca mostrarían falta de respeto, ni tampoco levantarían la voz. A medida que buscaba al Señor para enfrentar los problemas de disciplina, Jan llegó a sentirse más cómoda en cuanto a corregir a Stacy, y la relación de ellas se hizo más íntima.

Cuando los hijos desobedecen o muestran falta de dominio de sí mismos o respeto por los demás, los padres deben aplicar disciplina, ¡y en ese mismo instante! Una mamá que conocemos le dijo a su hijo mientras lo corregía: «No me gusta hacerte sentir mal. Pero mi tarea es ayudarte a llegar a ser un joven que sea capaz de escoger con sabiduría ahora y más tarde en la vida. Estoy cumpliendo con mi tarea».

La Biblia está llena de amonestaciones en cuanto a la disciplina (véanse algunas al final de este capítulo). Tal vez quieras aprender de memoria uno o dos de esos versículos para que te ayuden cuando le hables a un niño que se comporta mal, acerca de tu responsabilidad como mamá de instruirlo en los caminos del Señor.

No pases por alto las señales de advertencia

Me acuerdo (Ruthanne) de un viernes por la mañana cuando nuestro hijo estaba en el instituto. Tenía un sentimiento inquietante de que algo no andaba bien. Más temprano ese día tuve mi tiempo de oración y mi esposo salió con el tiempo suficiente para llevar a Bradley a la parada del autobús escolar. Entonces, a medida que realizaba mis tareas en la casa, ese sentimiento de inquietud, al que llamo «mi radar espiritual de advertencia», se hizo más intenso. Al final, me arrodillé al lado de la cama que acababa de arreglar. «Señor», oré, «no entiendo por qué tengo este sentimiento tan fuerte de que algo anda mal, pero te pido que me reveles lo que sea que está oculto. Si se deben cambiar los planes que hicimos para este fin de semana, muéstranos qué hacer. Gracias, Señor, por tu dirección y sabiduría. Amén».

Mi esposo y yo nos habíamos inscrito para el retiro de la facultad en el instituto bíblico donde él enseñaba, y nos habíamos puesto de acuerdo que Bradley podía invitar a un amigo para que se quedara con él ese viernes por la noche. Entonces, muy poco después que orara, sonó el teléfono. Era la encargada de la oficina de asistencia de la escuela de nuestro hijo.

—Señora Garlock, la llamo para verificar la ausencia de Bradley de hoy. Nos dijeron que está enfermo, y no estuvo en su primer turno de clase, ni en el segundo.

—No, Bradley no está enfermo —le respondí—. Salió de la casa a tiempo para tomar su autobús escolar. ¿Puede por favor verificar si está en su clase del tercer turno?

Me pidió que esperara un momento, lo que me dio unos segundos para orar de nuevo y pedirle al Señor que me mostrara qué hacer. Volvió al teléfono y me dijo:

—No, tampoco está en su clase del tercer turno.

A esta altura, tenía una idea de lo que tal vez estuviera ocurriendo.

—Por favor, ¿podría verificar si estos alumnos están en la escuela hoy? —le pregunté y le di los nombres de dos o tres de los amigos de Bradley.

Al instante regresó al teléfono.

—No, esos alumnos también están ausentes hoy. Alguien llamó y dijo que estaban enfermos.

—Ah, eso es muy interesante —le dije—. Creo saber dónde pueden estar estos muchachos. Gracias, aprecio mucho que me haya llamado para informarme sobre esto.

—De nada —me dijo la mujer—. Esta semana he estado tan ocupada que no he tenido tiempo de hacer mis llamadas acostumbradas por ausencias. Pero hoy las cosas están más calmadas, y la tarjeta de ausencia de su hijo estaba en la parte de arriba del montón.

¿Una coincidencia? No, estoy segura de que esa llamada telefónica fue una respuesta directa a mi oración.

Ahora, ¿qué hago con toda esta información? Sentí que el Espíritu Santo me indicaba que llamara a una tienda en el centro comercial donde trabajaba uno de los amigos de Bradley. Cuando el joven contestó la llamada, le dije:

—Greg, te habla la señora Garlock. Te estoy llamando para preguntarte si has visto a Bradley hoy por la mañana.

—Nooo... No, señora —me dijo tartamudeando y muy sorprendido por mi llamada—, no lo he visto.

—Bueno, creo que es posible que vaya por allá dentro de un rato —le dije—. Si lo hace, por favor dile que llame a su casa de inmediato.

Cuando John vino a casa a almorzar y escuchó lo sucedido, de inmediato estuvo de acuerdo que no era una buena idea que saliéramos ese fin de semana. Entonces sonó el teléfono.

—Mamá, ¿tú fuiste la que llamaste? —dijo Bradley cuando contesté el teléfono—. ¿Cómo sabías dónde estaba yo?

—No te preocupes por eso. Quédate allí donde estás —le dije—. Tu padre sale ahora mismo a buscarte, y nuestros planes para el fin de semana se cancelaron. Vamos a hablar de esto cuando llegues a casa.

En el viaje de regreso en automóvil, Bradley estaba frustrado.

—Mis amigos faltan a la escuela todo el tiempo y nunca los pillan —dijo echando humo—. ¿Cómo averigua mamá sobre estas cosas?

—Bueno, Bradley —le contestó John—, todo lo que sé es que tu mamá habla mucho con Dios, y que Dios también habla con ella.

—Sí, lo sé. Esa es la parte que da miedo —dijo con desánimo.

Al volver la vista atrás, me pregunto cuántas otras veces el Espíritu Santo habrá tratado de llamarme la atención sobre algún asunto relacionado a nuestros hijos y estuve demasiado ocupada para prestarle atención. Si en realidad queremos ser mamás guiadas por el Espíritu, debemos mantener alto nuestro nivel de estar alertas a las cosas, de modo que no pasemos por alto cuando Él ponga una inquietud en nuestro corazón.

El mal comportamiento no quiere decir que el niño sea malo

Los niños van a expresar enojo y desilusión cuando los corrijan. Bradley se disgustó porque le arruináramos sus planes para el fin de semana, y nosotros nos desilusionamos por tener que perder el retiro de la facultad. Solo le tuvimos que pedir al Señor que nos ayudara a mantener nuestra propia frustración bajo control y que nos diera su sabiduría para comunicarnos con nuestro hijo.

Cuando se castiga a un hijo, es importante que le expliquemos que nos estamos ocupando del mal comportamiento. El niño no es malo; fue su mala elección la que le llevó al mal comportamiento. Debe entender que el castigo es una consecuencia de su mal comportamiento.

La autora Teresa Langston dice que la forma de disciplina causa-efecto «significa que cada vez que tu hijo no sigue las reglas, van a resultar consecuencias específicas. A este principio, le puedes agregar incentivos. Estas son recompensas por seguir las reglas y le añaden una dimensión positiva al proceso de la disciplina». Sugiere estas pautas como la mejor alternativa para los padres:

1. Identifica el comportamiento.
2. Formula una regla concreta.
3. Añádele una consecuencia específica.
4. Síguela sin comentarios.
5. Recompensa el buen comportamiento[3].

Obediencia a la primera

«En nuestra casa tenemos una regla para la obediencia a la primera», nos dijo Joyce. «La desobediencia resulta en unas nalgadas o en tareas adicionales, dependiendo de la ofensa. Sé que algunas personas no creen en darles nalgadas a los niños, pero nosotros aplicamos este tipo de castigo en algunas ocasiones. Usamos una regla en lugar de nuestras manos para esto, pero también les decimos a nuestros hijos que los amamos de manera incondicional. Creo que lo peor con lo que lidiamos ahora, con seis pequeños, es las bromas. Queremos que se muestren respetuosos los unos con los otros, y hacemos todo lo posible para que se respeten entre sí. Así que cuando se hacen bromas pesadas, tienen que hacer más tareas en la casa, como lavar los platos».

Joyce dice que muchas veces se ven orando así: «Señor, no entiendo a este niño. Necesito tu sabiduría y tu conocimiento sobre su personalidad, la forma en que aprende, las razones por las que molesta a su hermana. Ayúdame para verlo como lo ves tú».

Brenda Armstrong es una madre soltera que comenzó a reaccionar de forma negativa ante sus hijos cuando llegaron a su adolescencia. Se dio cuenta de que tenía que cambiar su estilo de disciplinar a sus hijos a medida que estos crecían y cambiaban. «Los adolescentes tienen una forma de expresar actitudes que puede causar que los cansados padres reaccionen con exageración», escribió. «Tuve que aprender a detenerme y orar cuando comenzaba a sentir el sentimiento de reaccionar. Cuando lo hacía, Dios me daba la fortaleza y la perspectiva para manejar la situación como era debido»[4].

La mayoría de nosotras podemos recordar tiempos en el pasado cuando debido a la fatiga o a sentimientos de presión por tener demasiadas cosas que hacer, reaccionábamos en forma exagerada a una situación y hacíamos que todo empeorara. Todas las mamás se podrían beneficiar si siguieran el ejemplo de Brenda de orar por cada asunto que requiera disciplina, antes que reaccionar de manera emocional.

Solo di no

Mientras las mamás aprenden a confiar en la dirección del Espíritu Santo, pueden comenzar a disciplinar con amor de una manera constructiva. A veces aprendemos observando a otras madres piadosas, como la mamá de la próxima historia.

Mi amiga (de Quin) Linda tenía un típico hijo de once años que a veces discutía con ella. Linda había observado a la esposa de nuestro pastor, Jackie Buckingham, en su papel de madre de cinco hijos. Jackie parecía mantener las cosas bajo control.

Un día, en una clase sobre la crianza de los hijos, Jackie dijo: «Se necesitan dos personas para formar un altercado. Solo decide que no vas a discutir con tu hijo. No va a haber ningún altercado». Linda recordó una escena en una de sus visitas a la casa de Jackie cuando esta tenía cuatro hijos adolescentes y uno en la preadolescencia. Cuando su hijo adolescente le preguntó si podía ir a la playa, Jackie solo le dijo: «No».

El joven siguió rogando: «Mamá, ¿puedo ir? Por favor».

«Te dije no, y no voy a cambiar de idea», le respondió. El joven continuó bombardeándola con razones por las que debería ir a nadar. Jackie lo escuchó, pero continuó con su calmada posición de «no».

Linda decidió seguir el ejemplo práctico y que daba resultados de Jackie sobre cómo ser una mamá que no entra en discusiones. Cuando su hijo de once años entró como una tromba por la puerta después de la escuela, el niño tenía grandes planes.

—Mamá, ¿puedo ir a la casa de Steven? Vamos a limpiar la jaula de su hámster.

—No —le respondió Linda con firmeza—. Tu cuarto huele igual que una jaula de hámster. Ve a limpiarlo.

—Pero, mamá, le prometí a Steven que iría a su casa —se quejó.

Linda lo miró. Trató de mostrar la misma autoridad seria pero amorosa que vio en Jackie con su propio hijo.

—No, Mark. Ahora ve a limpiar tu cuarto. No voy a discutir contigo.

—Bueno, ¿puedo ir después que limpie mi cuarto? —le preguntó Mark.

—Por supuesto —le respondió Linda con una sonrisa. Había dado resultado. No hubo una discusión. Sintiéndose aliviada, susurró: «Gracias, Señor». Después que limpió su cuarto y cuando estaba listo para correr a la casa de su amigo, Linda lo recompensó con una palmadita en el hombro. «Gracias, Mark», le dijo. «Hiciste muy buen trabajo. Estoy orgullosa de ti».

Más tarde Linda dijo: «Si mis hijos pueden aprender desde temprano a obedecer a la autoridad, van a estar mejor preparados para formar parte de la familia de Dios. Gran parte de la poda y la preparación estará terminada antes de que sean adultos».

Hacer valer la autoridad como madre se corresponde con el contenido de nuestro trabajo. Aunque queramos ser los mejores amigos y compañeros de nuestros hijos, esa faceta de la relación llegará sobre todo cuando sean adultos. Durante sus años formativos, nosotros los padres, con todas nuestras debilidades humanas, somos la figura de autoridad más importante en sus vidas. No debemos abandonar nuestras responsabilidades.

Luchas sobre elecciones

Cuando los hijos llegan a la adolescencia, los padres se enfrentan con la pregunta de cuánta libertad darles a sus hijos en cuanto a escoger a sus amistades, la clase de entretenimiento y música que van a ver y escuchar, y a qué universidad van a asistir.

Cuando Pam y Gene tuvieron problemas con sus dos hijas en estas esferas, pasaron muchas horas pidiéndole a Dios su dirección. Al final, llegaron a la conclusión de que era su responsabilidad establecer las normas para su hogar. «Gene les dijo la clase de películas y de música que se iban a permitir en nuestro hogar, y ambos hicimos cumplir las reglas», dijo Pam.

Durante su octavo grado, Angie, la mayor de las dos hijas, y sus dos mejores amigas eran animadoras de los partidos de fútbol en una escuela cristiana. Cuando ambas amigas decidieron asistir a una escuela pública para terminar el instituto, Pam y Gene sintieron que Dios quería que su hija se quedara donde estaba. Angie trató de todas las formas posibles de convencer a sus padres para que la dejaran cambiar de escuela, pero ellos se mantuvieron firmes en el asunto. El resultado fueron sentimientos heridos y palabras duras, y tuvieron una adolescente muy desdichada en su hogar ese verano.

Sin embargo, antes que comenzara la escuela de nuevo, la familia asistió a una conferencia sobre establecer una familia según los preceptos de Dios. Después, sus padres le dijeron a Angie que sentían que la escuela cristiana era la voluntad de Dios para ella. Ahora tenía una elección: podía regresar a la escuela en rebelión o podía regresar con buena disposición. Angie tomó la decisión de hacer lo que sus padres le pidieron que hiciera.

«Como padres, a veces tenemos que orar pidiéndole dirección a Dios y luego obedecer, aun cuando sea difícil», dice Pam. «Pero he encontrado que Dios siempre honra nuestra obediencia. En cuanto a las citas con muchachos, nuestras dos hijas están de acuerdo en que van a traer a sus amigos para que su padre y yo los conozcamos, y que el padre les dé la aprobación. Por años hemos estado orando que nuestras hijas se casen solo con el hombre que Dios ha escogido para cada una de ellas. Creemos que Dios honró esa petición, porque hoy tenemos dos yernos que aman al Señor».

Amor, no control

Las mamás tienen que escoger con mucho cuidado las cosas que van a hacer cumplir. En algunos asuntos debes afirmar lo que permitirás o lo que no permitirás y luego no desviarte de esa posición. Sin embargo, con otros asuntos, puedes ser más flexible y dejar que tus hijos hagan decisiones por su cuenta, aun cuando sean diferentes de lo que hubieras escogido tú. Lo importante es siempre responder con el amor de Dios. No debes actuar como una dictadora.

Los niños deben saber que hay tanto privilegios como consecuencias al vivir dentro de una familia. Si hacen mal uso de un privilegio van a tener que vivir con un castigo. Si protegemos a nuestros hijos de los resultados negativos de sus elecciones, les impediremos que aprendan a asumir responsabilidades. Algunos padres muy controladores están atrapados en el pensamiento de que «poseen» a sus hijos, de que son sus dueños. Se hacen a sí mismos tanto juez como tribunal con la idea: «Soy el jefe y se hace lo que yo digo». El doctor Kevin Leman nos advierte que este enfoque es fuerte en el control y escaso en amor y apoyo. Escribe:

> Nuestros hijos son del Señor. Él nos los ha dado en calidad de «préstamo», con pautas específicas en su Palabra para la preparación y el enriquecimiento de sus vidas. Cuando nos deslizamos al síndrome del superpadre, podemos esforzarnos tanto y logramos

involucrarnos tanto en nuestros hijos que tratamos de poseerlos [...] La verdadera disciplina procura guiar, no poseer ni controlar [...]

Los padres temen dejar que sus hijos fracasen. No me refiero a que un niño debería ser siempre un fracasado, ni que debería aprender a ser un perdedor en la vida. Estoy diciendo que aprendemos mediante los fracasos [...] el hogar debería ser un lugar en el que se permite fracasar. Se debe tratar como algo real, que sucede, y los padres deben cubrirlo de amor y de apoyo[5].

El trato hacia los niños con respeto

De repente, Sandra se vio sola para criar a sus hijos cuando su esposo perdió la lucha contra el cáncer, y ella todavía tenía dos niños pequeños que criar. No sabía nada en cuanto a pagar las cuentas, hacer un presupuesto, balancear el talonario de cheques, hacer reparaciones en el hogar o mandar a arreglar el automóvil. Sin embargo, decidió desde el principio que, con la ayuda de Dios, sobrevivirían como una familia de tres personas. Sandra decidió que la única forma en que sus hijos lograrían desarrollar su propia fortaleza era mirándola a ella. Así que decidió ser muy cuidadosa en ser un modelo de carácter cristiano.

Mucho antes de que sus hijos llegaran a la adolescencia, Sandra les habló sobre lo que les esperaba. Holly, su hija de doce años, firmó un «contrato» con su mamá en cuanto a las citas con muchachos y otras reglas que estuvo de acuerdo en cumplir.

Cuando llegaron a la adolescencia, sus amigos podían venir a su casa, pero ninguno podía fumar, beber, decir malas palabras ni mirar películas inapropiadas cuando estaban allí. Una noche, un grupo de muchachos fue a un partido de *hockey*, y luego fueron a la casa de Sandra para comer pizza y ver una película. Los muchachos pusieron su propia película en el vídeo sin saber que Sandra había alquilado una película.

Cuando pasó por el cuarto de estar, después que había comenzado el vídeo, Sandra se dio cuenta de inmediato que no era una película que quería que vieran. Dice que en medio de su período de «indecisión para tomar una decisión», escuchó una palabra profana en el programa. Eso fue todo lo que necesitó. Sandra llamó a Holly para que fuera a la sala.

Después que hablaron, Sandra le dijo:

—Holly, tú sabes que hay que apagar el vídeo. Ahora bien, ¿quieres que yo lo haga o prefieres hacer eso tú misma?

—Me estás tratando como un bebé —se quejó Holly.

—No, te estoy tratando con el respeto que mereces, justo de la forma que espero que tus amigos me traten a mí —respondió Sandra—. Si hubiera pensado que tú eras un bebé, hubiese entrado allí como un torbellino y hubiera apagado el televisor yo misma. Por respeto a tu madurez, te estoy dando una elección.

Holly optó por decírselo ella misma a sus amigos. «Lo siento, muchachos. Mi mamá dice que no podemos ver esto». Enseguida los muchachos pidieron disculpas.

Durante sus años de adolescencia, Sandra siempre recibió con agrado a los amigos de sus hijos, sobre todo porque quería estar al tanto de lo que hacían. «La presión que ejercen los compañeros a veces puede ser abrumadora, y quizá para resistir esa haga falta más fuerza de la que pueden ejercer algunos adolescentes. En esos momentos nuestros hijos necesitan nuestro apoyo, no nuestros reproches», dice.

Sandra les dio permiso a sus hijas para que la usaran como una excusa en situaciones de presión intensa. Podían decir: «No puedo hacer eso. Mi mamá me mataría»[6].

Mientras escribo este libro, le pregunté (Quin) a Sandra cómo están sus hijos que ahora son adultos. «Los dos son muy buenas personas», me dijo, y luego agregó con una sonrisa: «Contrario a lo que dicen las estadísticas, ninguno de mis hijos se ha convertido en asesino». Ambas nos reímos, agradecidas de lo que lograron su perseverancia y la gracia de Dios.

Al igual que Sandra, los padres deben decidir la frecuencia con que sus hijos pueden mirar televisión y qué programas son apropiados para sus edades. Algunos padres ven ciertos programas con sus hijos y luego los discuten más tarde. Una mamá le dijo a su hijo: «Dios me responsabiliza de lo que tú miras en casa, y debido a que quiero lo mejor para ti, no te puedo dejar ver algunas cosas que ven tus amigos».

Las recompensas contra el amor incondicional

Como mencioné (Quin) antes, usamos un «sistema de recompensas» con nuestros hijos durante un cierto período de sus vidas. En ese entonces, yo no conocía ninguna otra familia que hiciera eso, probablemente porque las mamás no hablaban de los problemas de disciplina. ¡La disciplina era considerada un asunto privado!

Ahora, años más tarde, he leído libros tales como *Si amas a tu hijo*, el que explica cómo usar la técnica de recompensa de «los gráficos con estrellas» para ayudar a disminuir las peleas entre hermanos. Se les da una estrella por cada quince minutos de paz; luego cada hijo recibe una recompensa apropiada por un número determinado de estrellas. El autor, el doctor Ross Campbell, dice que el sistema ha dado resultados maravillosos en su familia[7].

Sin embargo, advierte en cuanto a usar la técnica de modificar el comportamiento como sustituto de la madurez emocional, enfatizando que debemos guardarnos de guiar a un niño a que se comporte de cierta manera a fin de recibir algo[8].

«Como puedes darte cuenta, la buena crianza de los hijos requiere equilibrio», escribe. «Un niño necesita [...] que lo miren directo a los ojos, el contacto físico, la total atención, la disciplina, que le pidan que haga cosas, la firmeza, la flexibilidad, los mandatos, el perdón, el castigo, la modificación del comportamiento, la instrucción, la dirección, el ejemplo y que lo escuchen de forma activa. Sin embargo, les debemos dar estas cosas a nuestros hijos en su medida apropiada»[9].

Que el Espíritu Santo nos dé el poder a cada una de nosotras para hacer estas cosas de tal manera que nuestros hijos sientan que los amamos de manera incondicional.

Oración

Señor, quiero disciplinar a mis hijos con equidad. Ayúdame a hacerlo de acuerdo a los principios de tu Palabra, y con un amor tal que no les dañe en forma permanente su sentido de amor propio. Dame sabiduría y comprensión para las necesidades específicas de cada hijo. Por favor, ayúdame a mostrarles amor genuino e incondicional y a mantener los canales de comunicación abiertos. Gracias, Señor. Amén.

*P*asajes bíblicos para la *M*editación

«El temor del SEÑOR es el principio del conocimiento; los necios desprecian la sabiduría y la disciplina» (Proverbios 1:7).

«Rechazar la corrección es despreciarse a sí mismo; atender a la reprensión es ganar entendimiento» (Proverbios 15:32).

«Disciplina a tu hijo, y te traerá tranquilidad; te dará muchas satisfacciones» (Proverbios 29:17).

«Ninguna disciplina, en el momento de recibirla, parece agradable, sino más bien penosa; sin embargo, después produce una cosecha de justicia y paz para quienes han sido entrenados por ella» (Hebreos 12:11).

«Vivo con mucha disciplina y trato de dominarme a mí mismo. Pues si anuncio a otros la buena noticia, no quiero que al final Dios me descalifique a mí» (1 Corintios 9:27, TLA).

5

El poder para tus «Si al menos»

Sanidad para tu culpa

«Quien en ti pone su esperanza jamás será avergonzado;
pero quedarán en vergüenza los que traicionan sin razón [...]
Protege mi vida, rescátame; no permitas que sea avergonzado,
porque en ti busco refugio. Sean mi protección la integridad
y la rectitud, porque en ti he puesto mi esperanza».

SALMO 25:3, 20-21

Hay dos clases de sentimiento de culpa con los que luchamos
la mayoría de las personas: la culpa verdadera (como resultado de
un pecado contra Dios), y la culpa falsa (cuando no hay pecado en
nuestras vidas). Cuando pecamos, debemos confesárselo a Dios.
La sangre de Jesús se encarga de la culpa verdadera haciendo dos
cosas básicas: lava nuestro pecado, como si nunca hubiera existido;
satisface a la perfección la eterna justicia de Dios[1].

R.T. KENDALL

Si somos sinceras, debemos reconocer que la mayoría de las mamás hemos sufrido con la culpa de «¿y qué si...?». Esa voz dentro de nuestra cabeza que dice: «¿Y qué si hubiera hecho esto en forma diferente? ¿Y qué si no hubiera dicho eso? Tal vez yo tengo la culpa por su rebelión...». Y así sin parar.

A lo mejor te parece que si no hubieras cometido tantos errores en la crianza de sus hijos, tendrían más probabilidades de alcanzar todo el potencial de Dios para sus vidas. O, aun en casos cuando hiciste lo adecuado con tus hijos, eso es solo muy poco demasiado tarde.

Mientras esas escenas de «si al menos» pasan por tus pensamientos, acumulas culpa sobre ti. Si hubieras orado antes, hubieras enseñado antes, hubieras amado más, te hubieras comunicado mejor, tal vez esto y aquello no hubiera sucedido. La verdad es que no existe el padre perfecto. Solo nuestro Padre Dios puede exigir ese título. No obstante, debido a su gran amor por nosotros y por nuestros hijos, Dios puede redimir nuestros errores cuando cooperamos con Él. Aunque no podemos cambiar el pasado, podemos pedirle al Espíritu Santo que nos guíe y nos ayude a hacer arreglos mientras avanzamos hacia el futuro con esperanza, no con culpa.

Recuerdo (Ruthanne) el enorme sentimiento de culpa que sentí hace muchos años cuando olvidé recoger a Bradley, nuestro hijo de cuatro años de edad, del preescolar un día cuando cerraron temprano, un poco antes del mediodía.

Ese día en particular, mi esposo y yo tuvimos un programa poco común ocupado en el instituto bíblico donde ambos enseñábamos, y olvidamos que era miércoles. Cuando la directora del preescolar no nos pudo localizar en nuestro hogar, enseguida llamó a nuestra vecina, cuyo hijo también estaba en la clase de Bradley. En cuanto nuestra vecina vio nuestro auto estacionado frente a nuestra casa un poco después de las dos de la tarde, vino y nos dijo lo sucedido.

John regresó de un salto al auto y se dirigió a la escuela. Para cuando llegó, la directora ya se había ido, y encontró a Bradley sentado en la cocina de la señora encargada del aseo del lugar, tomándose un plato de sopa. Esa mujer vivía en el edificio de la escuela, y debido a que cuando salían temprano no servían almuerzo, fue muy amable y le sirvió almuerzo a ese niño hambriento cuyos padres lo olvidaron.

Por supuesto que tanto mi esposo como yo le dijimos a Bradley lo muy apenados que estábamos y le prometimos que eso no iba a suceder nunca más. Con todo, eso no alivió el sentido de culpa que experimenté, ni tampoco mi vergüenza al día siguiente cuando me tuve que disculpar con la directora de la escuela. Durante meses después de eso, Bradley se sentía aterrorizado si no me veía cuando estábamos en un lugar público o cuando lo dejaba en la escuela, en su clase de Escuela Dominical o en la casa de la niñera. En forma continua le tenía que afirmar que mamá y papá no olvidarían venir a buscarlo y, con el tiempo, disminuyó su temor.

No pienses demasiado en tu fracaso

La culpa es el aire que respiran las mamás. Ya sea que luchemos con la culpa diaria de no poder «hacer todas las cosas», o la culpa retrospectiva por nuestros errores como madres, tratar con esta poderosa emoción es un hecho de la vida diaria de una madre. Lo cierto es que nos podemos ahogar en un mar de «¿y qué si?», cuando permitimos que nos consuman la culpa y la vergüenza. Debido a que a menudo confundimos estas dos emociones, examinemos lo que significan.

Culpa es el sentimiento de pesar que sentimos por algo que hicimos, nuestro comportamiento. Cuando nos sentimos culpables, damos por sentado la responsabilidad de alguna ofensa cometida, aun si en ese momento no nos dimos cuenta de lo perjudicial que serían los resultados finales. También existe la *culpa falsa* que sentimos cuando nos culpamos por situaciones sobre las que no tenemos control alguno.

La *vergüenza*, por otra parte, se relaciona con la manera en que nos sentimos con nosotras mismas, la imagen que tenemos de nosotras mismas. El significado de la palabra incluye desgracia, deshonor, humillación y reproche. Si no recibimos el perdón de Dios para que borre nuestra culpa, la carga agregada de la vergüenza nos puede hacer introvertidas, hasta que nos convencemos de que: «No soy una buena madre».

Queremos alentarte a que reconozcas tus verdaderos errores, que busques el perdón del Señor, que ores contra el sentimiento de culpa falsa y a que te aferres a la gracia que Dios nos ofrece a cada una de nosotras cuando nuestra conducta es mucho menos que perfecta. En algunos casos tal vez necesites pedirle perdón a tu hijo. Cuando se hace con verdadera humildad, tal acción puede ayudar mucho a reparar la brecha y arreglar la relación.

Sin embargo, una vez que recibiste el perdón de Dios, debes también perdonarte a ti misma si en verdad quieres liberarte del sentimiento de culpa y de vergüenza. El pastor Kendall explica por qué esto es tan importante:

> Si me permito pensar sin cesar en mi fracaso, cedo a la falsa culpa y peco mientras lo hago porque le doy valor y dignidad a la falta de fe [...] El resultado neto es este: Es malo no perdonarnos y deshonra a Dios. Sin embargo, Dios usará la pena que sentimos por encima de lo que hemos hecho a fin de acercarnos a Él[2].

He aquí un poderoso antídoto para la culpa: «Acerquémonos, pues, a Dios con corazón sincero y con la plena seguridad que da la fe, interiormente purificados de una conciencia culpable» (Hebreos 10:22).

¿Eres imparcial?

Una vez estaba hablando (Quin) con Jodie, una enfermera cristiana que atendía a mi esposo en el hospital. Me confesó que estaba tan disgustada con su hija de tercer grado por traerle bajas notas en matemáticas, que había decidido no hacerle una fiesta de cumpleaños la semana siguiente cuando cumpliría ocho años.

—¿Es eso justo en realidad? —le pregunté—. Piensa en lo mal que te vas a sentir más tarde cuando tu hija solo tenga recuerdos dolorosos de su octavo cumpleaños debido a que mamá canceló su fiesta. ¿No hay alguna otra manera en la que puedas trabajar con ella a fin de que mejore sus calificaciones en matemáticas?

—Nunca pensé en eso como que la iba a herir —dijo Jodie mostrando sorpresa—. Solo me enojé porque sé que puede hacerlo mejor, y estoy tratando de que tome su trabajo escolar con más seriedad.

—Tal vez debas perdonarla porque te desilusiona y debes decírselo —la insté—. Le puedes pedir a Dios que te muestre otra manera de tratar con el problema de las matemáticas y creo que Él lo va a hacer.

—Voy a pensar en esto —me prometió.

Al día siguiente, Jodie entró a la sala del hospital con una sonrisa en el rostro.

«Le dije a mi hija que lamentaba haberme enojado y que la perdonaba por no sacar mejores calificaciones en matemáticas», dijo. «La voy a ayudar con tiempo extra de estudio para ayudarle con el problema de las matemáticas. Ella está muy entusiasmada en cuanto a la fiesta; está haciendo una lista de las amigas que va a invitar».

«Buen trabajo, mamá», le dije con una sonrisa de aprobación. «Ahora no vas a tener que luchar con una carga de culpa, y estoy segura de que vas a tener una fiesta hermosa que tu hija recordará siempre».

Otra mamá me confesó una vez que luchaba con un sentimiento de vergüenza porque le desagradaba mucho su hija de cinco años, Candy. «Le grito mucho más a ella que a los demás. Parece que es siempre la que comienza el problema cuando hay una pelea entre los tres hermanos», me dijo. «Es imposible para mí amarla de manera incondicional».

Cuando indagué un poco más sobre la situación de esta mamá, supe que mientras estaba embarazada de Candy, su esposo la dejó por una mujer más joven. Admitió que había permitido que el enojo contra su esposo se transfiriera a su hija, haciendo que de manera inconsciente culpara a esta inocente criatura por el rompimiento del matrimonio. Y estaba claro que su sentimiento de culpa y vergüenza solo ayudaban a complicar el problema. Con corazón arrepentido, oró: «Señor, perdono a mi hija. Perdono a mi esposo. Por favor, perdóname y quita mi vergüenza». Más tarde me escribió y me dijo que su actitud había cambiado por completo, y que ahora tenía un amor nuevo por su hijita.

Si eres una mamá de niños pequeños, es probable que ya hayas tenido algunas escaramuzas con la culpa. Aun así, como observó una experimentada mamá: «Cuando nuestros hijos llegan a la adolescencia, es cuando una se da cuenta *en realidad* de lo poderoso que puede ser el sentimiento de culpa». El ejemplo de nuestra próxima historia te puede ayudar mientras tus hijos crecen y enfrentas los conflictos que a menudo se presentan con los adolescentes.

Con amor, llega el perdón

Nancy es una mamá que luchó con sus emociones cuando Rhonda, de dieciséis años de edad, se escapó del hogar por tres días. Cuando Rhonda regresó, no mostró remordimiento alguno por la montaña rusa de emociones que les causó a sus padres. *Debería estar contenta porque al fin ha regresado, pero actúa como si no hubiese hecho nada malo*, pensaba Nancy echando humo. Nancy sabía que tenía que perdonar a su hija, pero el enojo y el sentimiento de culpa se interponían en el camino.

A pesar de lo difícil que era hacerlo, Nancy descubrió que ser sincera al máximo con el Señor en cuanto a sus sentimientos la ayudó a volver a encaminarse. Unos días después del regreso de su hija, Nancy habló con el Señor en la iglesia sobre sus heridas.

«No me agrada Rhonda. No es agradable estar a su lado, y la casa siempre es una confusión cuando está en el hogar», se lamentó en su oración. «A decir verdad, no creo que le importe que nos hiciera pasar por tanta ansiedad cuando se escapó de casa. Señor, ¿cómo puedo amarla, mucho menos perdonarla?» La respuesta del Espíritu Santo fue inmediata. Después de su sincera oración, el Señor pareció hacer volver hacia atrás el reloj en su mente. Vio a la pequeña Rhonda parada sobre una silla con un delantal atado alrededor de la cintura, esperando para ayudar a su mamá a secar los platos. Luego vio una imagen repentina de su hija arropada con un abrigo y mitones, de pie en la nieve al lado del canasto de la ropa lavada, alcanzándole a su madre los pañales para que los colgara. Fue una niña muy amorosa en ese entonces.

Luego, en sus pensamientos, Nancy vio a Rhonda cuando asistía al segundo grado, trayéndole una tarjeta de San Valentín, con su foto en la que mostraba una sonrisa en la que le faltaba un diente. Mientras los recuerdos desfilaban por su mente, y recordaba lo mucho que había amado a esta niña, el corazón de Nancy se ablandó.

«Señor, restáurame ese amor, porque con ese amor, sé que vendrá el perdón», oró. En un instante, en forma soberana, Dios inundó el corazón de Nancy con un profundo amor por Rhonda, casi más de lo que podía contener.

«No solo la amé, sino que me agradó de nuevo», exclamó Nancy. «La perdoné por herirme, y le pedí a Dios que me perdonara por mi mala actitud».

Aunque esta adolescente continuó causándole ansiedad a su madre durante los años del instituto, Nancy había ganado la victoria sobre sus sentimientos. «Día a día Dios renovaba mi amor por Rhonda, y yo podía responderle con verdadero amor y perdón», dijo.

A alguna altura del camino, el amor ablandó el corazón de Rhonda. Durante una visita al hogar, después que se había ido para asistir a la universidad, ella mencionó algunas de las cosas peligrosas que había hecho años antes. «Mamá, nunca te pedí que me perdonaras. Por favor, perdóname por todo lo que te hice sufrir», le rogó.

El perdón completó el ciclo³.

Rhonda ahora confía en Dios para que le ayude a ser una mamá soltera de la hija que acaba de adoptar. La responsabilidad de criar a una hija ha motivado a esa joven, que una vez fue una niña que dio muchos problemas, a acercarse más a Dios de lo que nunca ha estado, lo cual ha alegrado muchísimo a Nancy. Tal vez tú estés pasando por una situación con tus hijos y sientes que te asaltan la culpa y el enojo. Puedes rogarle a Dios de la forma en que lo hizo Nancy. Él responde a nuestros clamores sinceros cuando le pedimos ayuda. El Espíritu Santo te puede dar ideas creativas para expresar tu amor a un hijo difícil, o ayudarte a descubrir una solución inesperada a un problema espinoso.

Miremos la culpa de forma realista

Toda mamá que lucha con sentimientos de culpa cuando su hijo toma una mala decisión debe darse cuenta de lo siguiente: Muchos factores fuera de su control ejercen influencia en sus hijos y contribuyen a sus decisiones. Estas consideraciones no absuelven al niño de su responsabilidad, solo ayudan a poner el problema en la perspectiva adecuada. La energía de una mamá llena de culpa se puede usar mejor orando por su hijo y pidiéndole al Espíritu Santo que le muestre cómo acercarse a ese hijo con amor y aceptación.

Debido a que Dios nos creó con libre albedrío, cada persona tiene la libertad de tomar decisiones. Cuando tomamos decisiones indebidas, debemos vivir con las consecuencias. Es de suma importancia aprender esta verdad para llegar a ser adultos responsables, y como mamás, necesitamos la ayuda del Espíritu Santo para impartirles esta verdad a nuestros hijos. Al mismo tiempo, debemos asegurarles que nuestro amor por ellos es incondicional. Los amamos aun cuando hacen malas decisiones porque esa es la forma en que nos ama Dios.

«Ama a tus hijos con amor incondicional sin importar lo mucho que puedan avergonzarte o ir en contra de lo que les has enseñado», nos escribió una mamá en cierta ocasión. «Dígales que los aman sin ninguna condición adjunta».

El perdón y el amor van de la mano

El arma preferida del enemigo parece ser atacar la mente de una mamá con sentimientos de culpa, ya sean falsos o verdaderos. Así que para una mamá que tiene una relación tensa con su hijastro o un hijo adoptado, la lucha es difícil en especial.

Hace poco conocí (Ruthanne) a una mamá que tenía tres niños pequeños, a la que llamaré Ivonne, y que sufre por la culpa que sentía ante el enojo que tenía contra su hijastra. Acababa de enseñar una sesión sobre cómo romper la esclavitud de no perdonar, y después ella me vino a ver para que la aconsejara y orara con ella.

«Antes de casarnos, sabía que mi esposo había tenido una hija siendo soltero», me dijo. «Él se había arrepentido de su pecado y había recibido el perdón de Dios, y la madre de la niña había dicho que no quería que él se involucrara con su hija. Así que determinamos continuar con nuestras vidas. Sin embargo, cuando cumplió doce años, la niña le dijo a su madre que quería vivir con su padre, y mi esposo sintió que nosotros teníamos que recibirla. Tuve muchas dificultades para aceptarla».

Las lágrimas de Ivonne fluyeron con libertad mientras contaba cómo había luchado para mostrarle amor a Patricia que, hasta entonces, al parecer había vivido en un hogar sin disciplina y mundano. La preocupación principal de Ivonne era impedir que fuera una influencia negativa para sus hijos. Después de muchos meses de vivir con peleas y conflicto, Patricia huyó del hogar y fue a la casa de un familiar.

«Mi esposo está tan enojado que no quiere saber nada de ella ahora», dijo Ivonne. «Siento que todo este problema es en parte culpa mía porque no la acepté ni la amé mientras estaba en mi hogar. Ahora ella está a punto de llegar a la adolescencia, y me da temor lo que le puede pasar porque es una persona fuera de control».

Ayudé a Ivonne a ver que no tenía la culpa de que Patricia fuera una víctima de haber crecido en un ambiente corrupto, y que ella y su esposo podían ser muy importantes para hacer que esta niña cambiara. Después de todo, son las únicas personas en la vida de Patricia que conocen al Señor y que pueden ser ejemplos piadosos para ella. Mientras Ivonne lloraba, la guié en una oración en la que le dijo al Señor que perdonaba a Patricia, y le pidió perdón por sus propias actitudes y acciones malas. A continuación oramos juntas pidiendo que el Señor le revelara su amor a Patricia, y que la trajera a la salvación.

«Cuando llegues a tu hogar, dile a tu esposo que perdonaste a Patricia y que oraste por ella», le dije a Ivonne. «Luego ínstale para que él haga lo mismo, y le diga a Patricia que los dos decidieron perdonarla. Si tú y tu esposo se ponen de acuerdo para orar por ella, y luego tratan de alcanzarla en amor según los guíe el Señor, creo que con el tiempo van a ver que la situación cambia». Concluí sugiriéndole que le pidiera al Señor que les diera ideas creativas para reconocer el cumpleaños de Patricia con un regalo que fuera una expresión concreta de su amor y preocupación por ella.

Espero tener de nuevo noticias de Ivonne con un buen informe de cómo Dios está obrando en su familia.

La paz puede sustituir la culpa

Las mamás que se sienten abrumadas con la culpa cuando un hijo se aleja de sus raíces cristianas, pueden usar esa energía de manera productiva pidiéndole al Espíritu Santo que las guíe para saber en qué forma orar por su hijo pródigo. Hundirse en el remordimiento no hace nada para cambiar la situación. La buena noticia es que los rebeldes con un trasfondo cristiano fuerte a menudo regresan a su fe en algún momento de sus vidas.

El doctor James Dobson, fundador de Enfoque a la Familia, condujo una encuesta de treinta y cinco mil padres con respecto a si sus hijos aceptaban los valores cristianos en los que se criaron. Informa:

> Como se puede observar, incluso el 53% de los niños más voluntariosos y rebeldes retornan con el tiempo a los valores de sus padres. Cuando combinamos esta cifra con la de los que aceptan «relativamente» las perspectivas de sus padres, resulta que el 85% de estos individuos independientes y tercos termina por inclinarse hacia el punto de vista de sus padres cuando ya han pasado la adolescencia. Solo el 15% son tan obstinados que rechazan todo lo que su familia representaba, y yo podría apostar que en la mayoría de esos casos hubo otros problemas y fuentes de sufrimiento.
>
> Lo que esto significa, en realidad, es que esos niños testarudos se dedican a alborotar, pelear y quejarse durante todos los años que pasan en casa de sus padres, pero la mayoría de ellos, siendo adultos jóvenes, dan la vuelta y terminan por hacer lo que sus padres más deseaban [...] Si pudiéramos evaluar a esas mismas personas a la edad de treinta y treinta y cinco años en vez de veinticuatro, encontraríamos que es todavía menor el número de las que permanecen en rebeldía contra los valores de sus padres[4].

Conocí (Quin) en una conferencia a una madre que estaba abrumada con la culpa porque había abrigado resentimiento contra su único hijo. Se había negado a olvidar todo lo malo que él había hecho, y por su mente pasaban una y otra vez todos esos incidentes desafortunados. Es obvio que la mujer era muy desdichada. Hablé con ella sobre su necesidad de perdonar y aceptar a su hijo, y le sugerí que podía usar cada nuevo día como una oportunidad de reparar la brecha con él.

«Le he enseñado la Biblia y tenemos devocionales familiares», me dijo. «He hecho todo lo posible para criarlo a fin de que haga lo bueno, y él sigue desilusionándome haciendo cosas que me avergüenzan. Entonces me siento culpable por sentirme avergonzada de él».

«Lo sucedido en el pasado es historia», le dije. «Comienza hoy a construir una nueva relación con él. ¿Por qué no le escribes una carta o una tarjeta y le dices lo mucho que aprecias algunas de sus buenas cualidades? Por supuesto que tiene algunas, si solo lo perdonas, te despojas de todos sus sentimientos de culpa y miras sus cosas positivas. Tal vez te sorprendas al ver cómo un hecho tan pequeño de bondad de tu parte puede influir en él, si no ahora, más tarde en la vida».

La mamá bajó la cabeza y me dijo que lo iba a pensar, pero que en ese momento era demasiado difícil. Me alejé pensando en si esa mujer se daba cuenta del equipaje tóxico que cargaba en su corazón.

Un sorprendente don de esperanza

El sentimiento de culpa muchas veces viene acompañado con el peso del remordimiento. Cuando nuestros hijos caen en hoyos que escogen ellos mismos, nosotras las mamás luchamos con sentimientos de agonía de «lo que podría haber sido». Esto es cierto en particular si un hijo que hace malas decisiones muere de repente.

Cuando Michael, el hijo de Freda de veintiún años, murió al instante en un accidente automovilístico, ella se sintió tentada a decir: «Sin duda, debe haber algo que pude haber hecho para impedir esto». Había invertido muchas horas orando por Michael debido a su recurrente problemas con la adicción a las drogas.

Ni siquiera sabe con seguridad si iba camino a la recuperación cuando ocurrió el accidente que le quitó la vida.

Entonces, un día recibió un paquete con las pertenencias de Michael que se encontraron en el automóvil chocado. Dentro había un diario y cartas que había escrito a cada uno de sus padres reconociendo su crianza en los caminos del Señor y expresándoles su honor y amor por ellos. Qué sorprendente regalo de esperanza fue para ella.

El sentimiento de culpa de Freda desapareció por completo cuando leyó estas palabras de su hijo: «Quiero que sepas que no podría haber tenido una madre que me hubiera cuidado mejor. También quiero que sepas que no te culpo en absoluto por la forma en que salí yo. No es culpa tuya. Te amo mucho».

Sin embargo, la carta que Freda atesora más es esta:

Querida mamá:

Te quiero pedir perdón por aquella vez cuando no me dejaste hacer algo que quería hacer y te dije que no sentía amor alguno de ti hacia mí. Eso tuvo la intención de herirte, y fue algo muy malo. Todavía te escucho llorar algunas veces. Es el peor sonido que jamás he escuchado. Lo podía escuchar muy bien a través de la pared, y parecía que nunca iba a terminar. Estaba tan avergonzado que quería ir y abrazarte y decirte que lo que te dije no era verdad. Pero no lo hice y lo siento mucho. Espero que creas que lo borraría si pudiera, porque lo haría.

Ahora puedo mirar hacia atrás y ver que tú me amas, más de lo que yo entiendo, y que siempre me has amado. No podría haber tenido una madre que se preocupara más de mí.

Te amo.

Michael

«Todo el mundo tiene experiencias diferentes, pero creo que las elecciones de cada persona traen consecuencias», dice Freda cuando habla a grupos en escuelas o en iglesias. Señala que la aspiración de Michael era ser maestro de inglés, pero que su adicción le quitó todo eso. «Si puedo ayudar a una sola persona, evitar que un solo muchacho use drogas, vale la pena mi dolor al contar la historia de Michael», dijo. La paz de Dios ha sustituido su culpa y los «si al menos...» ya no la acosan.

Toma tu propia decisión

Tal vez ahora mismo quieras entregarles tus «si al menos...» a Dios, deshacerte de la culpa prolongada y avanzar hacia un nivel más alto de confianza en tu Padre celestial. Si le has pedido a Dios que te perdone, *acepta* su perdón. Innumerables mujeres que hemos conocido nos dicen que no se *sienten* perdonadas, aun cuando se han arrepentido y han pedido el perdón de Dios una y otra vez por el mismo pecado.

Las alentamos a ella, y a ti, a que hablen en voz alta y le hagan una declaración al enemigo:

> Confesé mi pecado, y de acuerdo a la promesa de Dios en 1 Juan 1:9, estoy perdonada. Debido a que acepté su perdón, la culpa tiene que irse, ¡en el nombre de Jesús!

Este puede ser tu paso para alejarte de la culpa de una vez por todas. Ya no necesitas castigarte por tus errores.

Oración

Señor, gracias porque Jesús fue a la cruz para pagar por mis pecados. Gracias porque puedo ir a ti con mi conciencia culpable y pedirte que la limpies. Recibo tu perdón. Gracias porque cada día puedo comenzar otra vez, confiando en que me vas a ayudar a través de las luchas que enfrento. Señor, te agradezco por limpiar mi culpa y por dejarme verte con nuevos ojos. Gracias, también, por amar y perdonar a mis hijos. Por favor, envía a tu Espíritu Santo para que les ministre tu amor de la forma en que me renuevas y restauras a mí. Te amo, Señor. Amén.

Pasajes bíblicos para la meditación

«No nos trata conforme a nuestros pecados ni nos paga según nuestras maldades. Tan grande es su amor por los que le temen como alto es el cielo sobre la tierra. Tan lejos de nosotros echó nuestras transgresiones como lejos del oriente está el occidente» (Salmo 103:10-12).

Él fue traspasado por nuestras rebeliones, y molido por nuestras iniquidades; sobre él recayó el castigo, precio de nuestra paz, y gracias a sus heridas fuimos sanados» (Isaías 53:5).

«Y conocerán la verdad, y la verdad los hará libres [...] Así que si el Hijo los libera, serán ustedes verdaderamente libres» (Juan 8:32, 36).

«Por lo tanto, si alguno está en Cristo, es una nueva creación. ¡Lo viejo ha pasado, ha legado ya lo nuevo!« (2 Corintios 5:17).

«Si confesamos nuestros pecados, Dios, que es fiel y justo, nos los perdonará y nos limpiará de toda maldad» (1 Juan 1:9).

6

El poder para encontrar respuestas

En busca de la sabiduría y el discernimiento de Dios

*La sabiduría que desciende del cielo es ante todo pura,
y además pacífica, bondadosa, dócil, llena de compasión
y de buenos frutos, imparcial y sincera. En fin, el fruto
de la justicia se siembra en paz para los que hacen la paz.*

SANTIAGO 3:17-18

*Mientras tanto pensemos que podemos manejar todas las cosas,
lo haremos. A menos que podamos entender lo que no podemos
hacer, no vamos a tener ni una pista sobre lo que Dios puede hacer[1].*

ELISA MORGAN

*L*a mamá de hoy necesita el discernimiento del Espíritu Santo para entender a cada uno de sus hijos y para ayudarla a aplicar sabiduría bíblica a las difíciles preguntas que surgen en su papel de madre. El discernimiento incluye reconocer la voz de Dios y luego obedecer lo que Él nos dice que hagamos. Una madre guiada por el Espíritu va a optar por seguir su voz, aun si hacerlo va en contra de la sabiduría convencional. Caminar cerca de Dios es importante, porque cuando mantenemos una actitud abierta a su dirección, su voz va a venir en forma inesperada, como lo ilustra la siguiente historia.

¿Enseñarles en el hogar o no?

Las jóvenes mamás de hoy enfrentan decisiones difíciles en cuanto a la educación de sus hijos, y muchas están orando acerca de si enviar a sus hijos a la escuela (pública o privada) o enseñarles en el hogar. Debido a que esas elecciones van a tener efectos para toda la vida, necesitan la ayuda del Espíritu Santo mientras pesan con cuidado todas las opciones. Nos sorprendió descubrir que se estima que el número de niños en Estados Unidos que se escolariza en casa asciende en la actualidad a dos millones, una tendencia que crece alrededor de quince por ciento al año[2].

Hace poco visité (Ruthanne) a nuestra hija menor, Melody, y le pregunté cómo había llegado a la decisión de enseñarles a sus tres hijos en el hogar.

«Enseñarles en el hogar es algo que nunca quise hacer, y no veía por qué sería necesario para mis hijos», dijo. «Vivimos en una zona que se dice que tiene buenas escuelas, así que anoté a Rachel en el preescolar de la escuela pública. Quise ser una madre involucrada, así que me ofrecí de voluntaria como ayudante de la maestra una vez a la semana, la mañana en que mis dos hijos menores participaban en el programa "el día libre de mamá". Sin embargo, no me llevó mucho tiempo desilusionarme con el sistema de educación pública».

Mientras ayudaba en la clase de Rachel, Melody se desalentó al ver que más de la mitad del tiempo que Rachel estaba en clase lo pasaba ya sea parada en una fila para una u otra cosa, o esperando que la maestra pasara la lista, o tratara de mantener quieta a la clase, o trataba con asuntos disciplinarios. Entonces, unos cinco meses después de comenzar las clases, la maestra empezó a repetir el mismo plan de estudios. Rachel, junto con varios otros niños en la clase que se graduará en el año 2022, se aburrían y tenía apatía.

Con discreción, Melody le mencionó a la maestra que muchos de los niños parecían estar a punto de aprender a leer. «¿Por qué no pueden continuar avanzando, en lugar de repetir el material que ya aprendieron?», le preguntó.

«Ah, debemos repetir el plan de estudios para estar seguros de que los niños más lentos están listos para el primer grado», le dijo la maestra. «Van a aprender a leer el año que viene».

Melody era bien consciente de que algunos alumnos de la clase tenían dificultades y no era por su culpa. Parte de su trabajo era sentarse detrás de los niños cuando formaban el círculo de lectura, y tocar a los que se dormían mientras la maestra les leía. «Me disgusté mucho con los padres que envían a sus hijos a la escuela sin suficiente descanso o comida, lo cual hace que les resulte difícil aprender», dijo. «Me dieron lástima esos niños, pero no creí que fuera justo impedir que mi hija siguiera aprendiendo debido a los niños que estaban retrasados. Entonces supe que Rachel tenía un problema en su sentido del oído que le hacía difícil bloquear los sonidos de fondo y escuchar lo que decía la maestra en la clase. Cuando la regañaban por no seguir las instrucciones, porque no las había entendido en forma apropiada, se disgustó y se volvió retraída».

Temiendo que su hija no encontrara la atención necesaria en esa escuela pública, Melody investigó la posibilidad de enviarla a una escuela privada en su zona. Pero muy pronto se dio cuenta de que si aun volvía a trabajar, no ganaría lo suficiente como para pagar la escuela, además de la guardería infantil para los otros dos hijos, y más tarde, la escuela privada para los tres. A esta altura, una de sus amigas le preguntó si había considerado enseñarles a sus hijos en el hogar.

«Ah, no lo puedo hacer», le respondió. Sin embargo, su amiga le dijo que dentro de poco tiempo habría una convención en su ciudad de personas que les enseñan a sus hijos en sus hogares, e instó a Melody a por lo menos que fuera a ver de qué se trataba. «Fui, sintiendo dudas que en realidad pudiera enseñarle a Rachel en el hogar», dijo Melody. «Pero cuando entré al enorme salón de la exhibición, me di cuenta de dos cosas: Mucha gente tenía el mismo problema que yo, y había mucha ayuda disponible. Debido a que las otras puertas se cerraban, sentí que por lo menos debía tratar esta opción por un tiempo».

Ordenó los materiales y comenzó a enseñarle en el hogar a Rachel en julio, para que si el experimento no daba resultado, todavía pudiera anotar a su hija en la escuela en agosto. La enseñanza de Melody en el hogar fue un éxito rotundo. Para el mes de octubre, Rachel podía leer materiales de segundo y tercer grado. Y para la gran sorpresa de esta mamá, Lydia, de cuatro años de edad, comenzó a escuchar las lecciones. Para el tiempo en que comenzó el preescolar, ya tenía un vocabulario avanzado y entendía algunos principios de aritmética. Pronto su hijo menor, Joel, fue también uno de los alumnos de Melody, y ella ahora está completando su octavo año de enseñarles a sus hijos en el hogar.

«No soy una militante de enseñanza escolar en casa que siente que enviar a los hijos a la escuela pública es mandarlos al territorio del diablo», dijo Melody. «Pero creo que esta es la opción que Dios me guió a seguir para hacer lo que es mejor para nuestros hijos, y mi esposo apoya mi posición, aun cuando no puede ayudar con la enseñanza. Ahora Rachel está lista para el instituto, y yo soy consciente de que quizá tenga que aprender bastante junto con ella; pero por otro lado, nunca tuve todas las respuestas en cualquier caso.

»La vida es tanto un proceso de aprendizaje para la mamá como para los alumnos. Aun así, Dios es fiel y parece que Él me envía el plan de estudios que es mejor para nosotros, y también puedo conseguir ayuda de las cooperativas de personas que enseñan en el hogar para las materias más difíciles. Mientras iba por este proceso, no era consciente de que el Espíritu Santo me guiaba a enseñarles a mis hijos en el hogar, pero ahora me doy cuenta de que sí lo hacía».

Otra ventaja adicional que Melody ha descubierto, es que puede ser flexible con los horarios de sus hijos para dar lugar a sus ocupados horarios con lecciones privadas de música, y Rachel y Lydia participan en una orquesta juvenil.

Ella optó por la escuela pública

Cynthia es mamá de dos hijos, trabaja a tiempo parcial y dice que, debido a la ayuda que recibe de su esposo, puede trabajar fuera del hogar y también participar en la experiencia escolar de sus hijos. Steve pasa la aspiradora a la casa, corta el césped y saca la basura. Antes de ir a su trabajo, todas las mañanas lleva a Shawn, de diez años de edad, a la escuela en el auto y a Lana, de siete, que deben llegar antes de la siete y media, pues las niñas tienen actividades adicionales de deportes antes de comenzar las clases.

«Una de las decisiones más importantes que Steve y yo tomamos fue poner a las niñas en la escuela pública», informa Cynthia. «Tuvimos que escuchar la voz de Dios sobre esto, no la voz de otras personas, y hacer lo que pensamos que era mejor para nuestras hijas. Tenemos amigos y familiares que o bien enseñan a sus hijos en el hogar o los inscribieron en escuelas cristianas, y nos aconsejaron. No obstante, nosotros teníamos una convicción y nos mantuvimos firmes. Lo que ha sucedido es que nuestro ministerio de alcance está en la escuela de nuestras hijas, y nosotros «participamos mucho en eso. Yo trabajo como voluntaria en las clases de Shawn y de Lana dos horas a la semana, y trabajo de forma activa en recoger fondos para la escuela mediante una actividad tipo bazar que recoge unos quince mil dólares para nuestra escuela todos los años».

Cynthia experimenta un sentimiento de paz cuando su casa está bien arreglada, pero si sabe que en su día libre una de sus hijas tiene una excursión de aprendizaje, va como acompañante en lugar de quedarse para limpiar la casa. Eso es porque toma muy en serio su responsabilidad de ser voluntaria en la escuela.

«Desde que comencé a trabajar en nuestra iglesia hace tres años, he bajado mis expectativas en cuanto a mi casa», me dijo con una risita. «Lo rápido es bueno; lo simple está bien. Si puedo preparar una comida que no me lleve un trabajo intenso estos días, esa es la que hago».

Durante el verano, Steve trabaja cuatro días de diez horas, mientras que ella arregla su horario a un día y medio de trabajo. De esa forma, están disponibles para sus hijas tanto como es posible. «Siento compasión por las mamás solteras que no tienen el apoyo de un esposo, como lo tengo yo», dice. «Y tengo la bendición de tener hijas buenas que no me dan problemas serios de disciplina».

Su trabajo en la iglesia la mantiene ocupada en lo espiritual, mientras supervisa a más de cuarenta maestros de Escuela Dominical. Aun así, Cynthia no se recrimina si en algunas ocasiones no puede hacer sus lecturas bíblicas.

«He experimentado la gracia y la misericordia de Dios, y sé que Él me ama aun cuando estoy demasiado ocupada para leer un día en particular», dice. «Encuentro que mi mejor tiempo para orar es de noche».

Le preguntamos a Cynthia qué consejo les podría dar a otras madres que procuran caminar más cerca del Señor.

«Escuchen a Dios y hagan lo que Él quiere que hagan. Mientras más rápido aprendan a escuchar y obedecer la voz de Dios, más rápido van a experimentar paz. También separen tiempo para sí mismas; serán mejores madres como resultado».

Tomar las decisiones acerca de la educación de los niños en casa es difícil en las mejores circunstancias. Sin embargo, para una mamá cuyo hijo tiene necesidades especiales, es algo aun más complejo, como descubrió nuestra amiga Ann.

Algunas veces mamá tiene que ser un sargento de instrucción

«Creo que a menudo el Espíritu Santo nos guía y no nos damos cuenta, aun cuando no buscamos su dirección de manera consciente», nos dijo Ann hace poco.

Es una madre soltera cuya hija adoptada de cuatro años, Luci, sufre de parálisis cerebral, la que en su caso resultó en una tardanza significativa para hablar, una condición llamada *apraxia*. Luci entiende lo que le dice la gente, pero tiene mucha dificultad para responder. Al darse cuenta de que tenía que tomar una parte muy activa para asegurarse de que su hija aprendiera a hablar, Ann puso a prueba todo lo que creyó que podía ayudar.

«Era frustrante saber en qué forma ayudarla», dijo Ann. «Luci asistía a un programa preescolar especial, y un verano pasamos seis semanas en un programa de terapia del habla, fuera de la ciudad, pero su progreso todavía parecía lento. Aunque Luci es inteligente, me preocupaba de que nunca pudiera asistir a una escuela regular debido a que nadie la podría entender. También sabía que Luci podría ofrecer resistencia a la terapia del habla. Como la mayoría de las personas, no le gusta hacer algo que no le resulta natural. Y eso me dificultó continuar practicando su terapia en nuestro hogar porque no es algo que me resulte natural a mí tener que empujarla a hacer algo. Quería que se desarrollara de forma normal como lo hizo mi otra hija».

Una tarde, cuando Ann se sentía desalentada en particular, revisó sus correos electrónicos y leyó una noticia de un grupo de padres de niños con esa condición. Una de las mamás del grupo relató la historia del sorprendente progreso que realizaba su hija. Se describió como «un sargento de instrucción», negándose a permitir que su hija dejara de trabajar en su habla a cualquier precio.

«Sus palabras me impactaron, y pensé: *Eso es lo que necesita Luci*», dijo Ann. «Aunque detestaba la idea de llegar a ser un sargento de instrucción para mi hija, resolví en ese instante que si esa mamá lo podía hacer, yo también lo haría. Por el bien de Luci, no me podía dar por vencida.

»No obstante, lo que más me llamó la atención sobre el relato de esa mujer fue el versículo bíblico con el que terminó su escrito: "No nos cansemos de hacer el bien, porque a su debido tiempo cosecharemos si no nos damos por vencidos" (Gálatas 6:9). Decidí que ese era un lema bueno para todas las madres, así que lo adopté como propio. Ya no iba a desmayar en lo espiritual cuando se pusieran difíciles las cosas. Tampoco iba a ceder al desaliento. No me iba a quejar para mis adentros. Ahora, cuando me siento tentada a darme por vencida, leo ese versículo que he colocado en mi computadora. Parece una promesa que Dios me ha hecho en lo personal a mí: Voy a cosechar una recompensa para beneficio de mi hija si me mantengo firme».

Ann tomó la determinación de seguir las rutinas de la terapia y de ser más diligente en cuanto a ayudar a Luci a responder de forma verbal a los mensajes, aun cuando quería usar otras maneras de comunicación. Desde entonces, Luci ha progresado en forma continuada; tanto es así, que sus maestras de preescolar expresaron asombro cuando regresó a clases después de las vacaciones de verano. Ahora, en lugar de ofrecerle resistencia a la terapia, Luci trabaja con ardor para poder hablar. Todavía tiene un trecho que recorrer, pero su progreso está alentando a todo el mundo y en forma especial la alienta a ella.

Ann se siente muy agradecida que el Espíritu de Dios le hablara por medio de una fuente inesperada: las palabras y la experiencia de otra mamá que «no se cansó de hacer el bien» por el bien de su hija. Fue la palabra adecuada en el tiempo apropiado, una palabra que sigue fortaleciéndola para los problemas y las luchas que la esperan.

Cómo saber cuándo «soltar»

La crianza de los hijos hace que nos formulemos muchas preguntas. ¿Qué amigos van a ejercer la influencia más positiva? ¿Qué actividades son apropiadas para cada hijo? ¿Qué programa de preparación o universidad es mejor? ¿Cuándo debe intervenir un padre contra permitir al hijo que corra riesgos y que enfrente las consecuencias?

He orado (Ruthanne) muchas veces Isaías 54:13 para mis hijos. El versículo dice: «Todos tus hijos serán enseñados por Jehová; y se multiplicará la paz de tus hijos» (RV-60). Algunas veces, mientras oraba por mi hijo, hacía una paráfrasis del versículo de esta forma: «Mi hijo será enseñado por Jehová; y se multiplicará la paz de mi hijo».

De pronto, fui consciente de la voz suave y apacible de Dios que me hablaba al corazón: *Si quieres que yo sea su maestro, quítate del camino.*

Mi respuesta fue explicarle a Dios que este muchacho testarudo de diecisiete años estaba en camino a darse de cabeza contra una pared. Debido a que recibí un mal informe de su maestra, había arreglado una cita para que un tutor ayudara a Bradley para su examen final de álgebra. Afirmando que los problemas eran culpa de su maestra, me había dicho con enojo que no quería ir a la clase con el tutor. Estábamos en un compás de espera en cuanto a ese asunto.

Tal vez darse de cabeza contra una pared es la única manera en que aprenda, me susurró el Espíritu Santo. *Después de todo, ¿cómo aprendiste tú tus lecciones?*

Es verdad que la mayoría de nosotros aprendemos a través de la dura experiencia. Agonizaba pensando en las consecuencias que experimentaría mi hijo más tarde si fracasaba en álgebra, pero obedecí al Señor y cancelé la cita. Descubrí lo doloroso que es entregar de verdad a un hijo en las manos de Dios.

Como estaba previsto, Bradley no pasó su examen final de álgebra. Se las arregló para pasar el curso con la nota más baja que recibiera jamás en una clase, pero perdió su calidad de miembro de la Sociedad Nacional de Honores. Esto fue muy malo, pero solo al siguiente año supo de una consecuencia aun más grave.

Había hecho la solicitud para matricularse en la mejor universidad y para pedir una beca. Después de pasar por varios niveles en el proceso de su aceptación, estaba entre el número de candidatos para los pocos lugares disponibles en la escuela de arquitectura. Sin embargo, en la ronda final, no obtuvo la plaza. Estaba segura de que fue por su baja nota en álgebra.

El día que llegó a casa y encontró su carta de que no lo habían aceptado, subió las escaleras como un torbellino en un arranque de enojo y desesperación. «Ah, Señor», oré. «Sé que debe aprender la lección, pero es muy doloroso verlo en este estado de devastación».

A través de mis lágrimas, el Señor me habló con mucha dulzura: *No te preocupes. No lo voy a hacer sufrir más de lo necesario. Él fue mío antes de ser tuyo, y yo lo amo más de lo que lo amas tú.* Dios mostró su gracia abriendo otra oportunidad para que Bradley estudiara arquitectura, y en forma fiel ha continuado siendo el maestro de mi hijo. Con todo, para mí, esa experiencia fue el comienzo de un proceso de «soltar» que ha continuado a través de los años.

Cómo discernir la voz del Espíritu Santo

Las dos historias anteriores, cada una sobre un hijo que quiere hacer las cosas a su propia manera, son un contraste interesante. Tanto Quin como yo sentimos que cuando los hijos son pequeños, las mamás debemos intervenir cuando sea necesario para que nuestros hijos tengan la nutrición apropiada, se preparen, eduquen y disciplinen, etc., etc. Y eso es justo lo que el Señor guió a Ann para que hiciera por Luci.

No obstante, cuando los hijos crecen, poco a poco van tomando cada vez más decisiones por su cuenta, aprendiendo a lo largo del camino que deben vivir con los resultados de esas decisiones. A alguna altura en el desarrollo de tu hijo, es probable que sientas que el Espíritu Santo te dice que lo «sueltes» en una esfera en particular. Por favor, no dudes seguir su dirección y a confiar en Dios para los resultados.

Cada niño y cada situación son diferentes. Entonces, ¿cómo sabes cuándo debes intervenir y cuándo debes dar un paso hacia atrás? Si nos basamos solo en el razonamiento humano, es difícil saberlo. Es por eso que necesitamos la dirección del Espíritu Santo.

Y esto nos lleva a otra pregunta. ¿Cómo sé si en verdad es el Espíritu Santo el que me habla? Hay tres posibilidades a considerar:

1. *El Espíritu Santo puede hablarte de muchas maneras diferentes.* Las formas más comunes son a través de las Escrituras, un sermón, una lección bíblica, una canción que escuchas, un incidente o fenómeno de la naturaleza que

observas, o una voz suave y apacible que habla a tu corazón. En todas esas cosas, ten en mente que el Espíritu Santo siempre hablará de una manera coherente con la Escritura y con el carácter de Dios.

2. *El enemigo puede hablarte a tu mente, y algunas veces lo que escuchas en un principio quizá parezca que sea bien lógico.* Con todo, si el mensaje trae condenación, culpa, depresión, desesperación, temor o pensamientos negativos o destructivos, sabes que eso no es acorde con el carácter de Dios. Cuando te das cuenta de que el que te habla es el enemigo, deberías resistirlo y mandarlo a que se calle (véase 1 Pedro 5: 8-9).

3. *Tu propia voz interior puede ser la fuente de lo que «escuchas» en la mente.* Este mensaje se va a basar en tu propia voluntad, tu razonamiento humano o tus emociones egoístas.

Cuando buscas al Señor pidiéndole dirección especial por un asunto, y quieres estar segura de que respondes a la voz adecuada, te sugerimos que hagas una oración como esta:

> Señor, vengo a ti pidiendo tu dirección en cuanto a esta situación: _____(menciona el problema) _____.
> Me niego a escuchar la voz del enemigo o a moverme a la voz de mis deseos humanos o razonamientos. Señor, mi corazón está dispuesto a escuchar solo tu voz. Por favor, háblame y revélame las decisiones que quieres que tome, y cuándo las debo tomar. Gracias, Señor, porque puedo confiar en que tú eres el camino, la verdad y la luz para mí. Amén.

Dios promete su sabiduría

Algunas veces las mamás tienen que ejercer el papel de juezas cuando tratan de arreglar peleas entre hermanos. Y durante los años que pasan aprendiendo, las mamás deben mantener sus oídos espirituales alertas en cuanto a la clase de enseñanza a la que se exponen sus hijos.

Una madre guiada por el Espíritu Santo a veces puede encontrar que tiene que adoptar una posición que no es popular en asuntos que tanto a los administradores de la escuela como a otros padres no parecen preocuparles. Sin embargo, con la Biblia como su norma, debe permanecer firme a la verdad. Lo que está en peligro es el espíritu y la mente de sus hijos.

Cuando Rae supo que en la escuela a la que asistían sus dos hijos se leían en voz alta libros sobre magia y brujería, se sintió muy perturbada. En esa época, las películas sobre un niño huérfano de diez años eran un éxito taquillero. El personaje principal en la serie se convierte en un poderoso brujo tomando clases para aprender a hacer hechizos, crear pociones y participar en otras prácticas del ocultismo. Este «héroe» se les presentaba a los alumnos mediante libros sobre sus aventuras; libros que con toda facilidad podrían despertar el interés de un niño en las actividades del ocultismo.

Muy preocupada, Rae decidió tomar cartas en el asunto. Así que primero oró pidiendo sabiduría sobre cómo responder e hizo investigaciones acerca del tema. Aprendió que estos libros para niños se pusieron en tela de juicio en más de cuatrocientas escuelas en al menos veinte estados. Preguntó a otras cuatro escuelas cristianas locales cuál era su norma en cuanto a esos libros, y le dijeron que los habían prohibido. Hasta algunas escuelas públicas prohibieron su uso.

A continuación, se puso de acuerdo con otras dos madres para llevar el asunto a la junta escolar. Lo que en realidad la sorprendió fue que solo otros tres padres se preocuparon lo suficiente como para participar en esa reunión. Entretanto, Rae imprimió varias páginas de versículos bíblicos que prohíben la brujería y se las entregó a los miembros de la junta escolar, en lo que se incluían estos:

Nadie entre los tuyos deberá sacrificar a su hijo o hija en el fuego; ni practicar adivinación, brujería o hechicería; ni hacer conjuros, servir de médium espiritista o consultar a los muertos. Cualquiera que practique estas costumbres se hará abominable al SEÑOR, y por causa de ellas el SEÑOR tu Dios expulsará de tu presencia a esas naciones (Deuteronomio 18:10-12).

Muchos de los que habían creído llegaban ahora y confesaban públicamente sus prácticas malvadas. Un buen número de los que practicaban la hechicería juntaron sus libros en un montón y los quemaron delante de todos (Hechos 19:18-19).

Poco después de la reunión con la junta escolar, Rae recibió una carta del director que le decía que los maestros no leerían esos libros en sus clases, pero que los libros se quedarían en la biblioteca para que los niños los sacaran con una nota firmada por uno de los padres. Al año siguiente, Rae decidió no volver a mandar a sus hijos a esa escuela.

Limpia tu hogar

Una madre guiada por el Espíritu vigila con mucha atención lo que entra en su casa y está alerta a los intentos del enemigo de infiltrarse en su hogar. Hay dos fuentes de poder en el mundo: el que viene de Dios y su reino, y el que viene del reino de Satanás. En los tiempos del Nuevo Testamento el mundo estaba lleno de superstición, magia e idolatría. Así sigue hasta hoy.

Te sugerimos que hagas una profunda «limpieza espiritual» en tu hogar. Ora pidiendo la dirección del Espíritu Santo mientras evalúas los vídeos, juegos de la computadora, casetes o discos compactos de música, tarjetas de intercambio, libros, revistas, juegos de mesa, carteles, camisetas con inscripciones, fotos, artículos ceremoniales o ropas, estatuas y joyas. El Espíritu Santo te puede guiar en cuanto a quitar cualquier cosa que comprometa la atmósfera cristiana que deseas mantener en tu hogar. Algunas de las formas en que puedes proteger tu hogar incluyen:

❖ Dedica tu hogar al Señor e invita a que su presencia more allí.

❖ Ora por cada familiar en la noche y pide por su salud y su seguridad, aun si lo haces después que estén dormidos.

❖ Pídele al Espíritu Santo que te revele cualquier artículo que pudiera ser dudoso en tu hogar. Puede ir de cuarto en cuarto preguntando: «¿Le agrada a Jesús este cuarto y todo lo que está en él?».

La unidad trae paz

María es muy protectora de sus hijos porque una vez ella estuvo involucrada en el ocultismo y sabe que no es bíblico y que produce mucho daño. Debido a esto, ha tomado decisiones que no todos los padres van a tomar, pero son las adecuadas para su hogar. No quiere que sus hijos jueguen juegos, lean libros ni vean dibujos animados con imágenes o temas del ocultismo.

Al principio, su esposo no veía nada malo en permitirles mirar tales dibujos animados a sus hijos. María oró: «Señor, por favor, muéstrale a mi esposo por qué esto está mal. Abre sus ojos. Ayúdame a sostener lo que dice tu Palabra en cuanto a no traer una cosa detestable, las imágenes de otros dioses, a nuestro hogar. Protege las mentes y los espíritus de mis hijos».

Cuando su hijo mayor entró al primer grado, comenzó a mostrar un interés malsano por tarjetas que tenían figuras de pequeños demonios. María le prohibió de forma terminante tener esas tarjetas y le explicó el porqué leyéndole la Biblia. Un día, mientras salía de una tienda con sus tres hijos, un agente de seguridad la detuvo. Su hijo de siete años había robado un paquete de esas tarjetas y lo había escondido en un bolsillo.

Eso fue algo que le abrió los ojos a su esposo, y comenzó a leer información sobre cómo los grupos que practican el ocultismo usan muchos medios engañosos para arrastrar a los niños a una red de engaños. Decidió que los juegos que parecían inofensivos podían ser dañinos, así que hizo cumplir la posición de María en el asunto.

«Noté un cambio completo en la atmósfera de nuestro hogar cuando se puso de mi lado oponiéndose a ciertas cosas en nuestra casa», nos dijo María. «No solo teníamos un sentido de paz en nuestro hogar, sino que nuestros hijos sabían que estábamos unidos en cuanto a nuestras decisiones».

Helen y Tim son otra pareja que se han puesto de acuerdo para mantener la atmósfera cristiana en su hogar, y hacen cumplir los límites a sus hijos de cinco y ocho años de edad.

«Nosotros vemos los vídeos antes de dejar que los vean nuestros hijos», dijo Helen. «Y pasamos mucho tiempo familiar juntos montando bicicleta o jugando juegos de mesa. También les leo mucho a mis hijos. Han tomado clases de gimnasia y de natación, y juegan con amigos que conocen a través de la iglesia o de su escuela cristiana. Es importante para mí levantarme antes que mi familia para pasar tiempo dedicado por completo al Señor cada mañana, a fin de obtener su ayuda en la crianza de mis hijos».

El camino que lleva a ser adultos en la cultura actual requiere que los padres enfrenten y lidien con más opciones y presiones mayores que en ninguna otra época de la historia. También vivimos en una época cuando los padres tienen más ayuda y pautas sobre «cómo hacer las cosas» que en cualquier otra. Sin embargo, debido a que cada niño que transita por este camino es una creación única de Dios, nosotras las mamás también necesitamos la sabiduría y el discernimiento del Espíritu Santo para hacer las decisiones adecuadas. Esta ayuda y pautas solo se pueden encontrar cuando confiamos en la dirección del Espíritu Santo.

Oración

Señor, por favor, dame mucho discernimiento para las decisiones que debo tomar todos los días en cuanto a la crianza de mis hijos, a fin de que decida de una forma que honre tu nombre. No quiero que mis decisiones se basen en el sistema de valores del mundo ni en mis propias ideas o emociones, sino en principios piadosos. Señor, ayúdame a escuchar la voz del Espíritu Santo, y ayúdame a tener un corazón dispuesto a obedecer su dirección. Gracias por escuchar mi oración. Amén.

Pasajes bíblicos para la Meditación

«Yo te instruiré, y te mostraré el camino que debes seguir; yo te daré consejos y velaré por ti» (Salmo 32:8).

«Enséñame, SEÑOR, a seguir tus decretos, y los cumpliré hasta el fin. Dame entendimiento para seguir tu ley, y la cumpliré de todo corazón. Dirígeme por la senda de tus mandamientos, porque en ella encuentro mi solaz» (Salmo 119:33-35).

«Adquiere sabiduría, adquiere inteligencia; no olvides mis palabras ni te apartes de ellas» (Proverbios 4:5).

«Ya sea que te desvíes a la derecha o a la izquierda, tus oídos percibirán a tus espaldas una vez que te dirá: "Este es el camino; síguelo"» (Isaías 30:21).

«Pido que el Dios de nuestro Señor Jesucristo, el Padre glorioso, les dé el Espíritu de sabiduría y de revelación para que lo conozcan mejor» (Efesios 1:17).

«Si a algunos de ustedes les falta sabiduría, pídasela a Dios, y él se la dará, pues Dios da a todos generosamente sin menospreciar a nadie» (Santiago 1:5).

7

El poder para perdonar

Cómo dar y recibir gracia

Cuando estén orando, si tienen algo contra alguien,
perdónenlo, para que también su Padre que está en el cielo
les perdone a ustedes sus pecados.

MARCOS 11:25

Algunas veces les digo a las personas que tomen todo el dolor,
lo pongan en sus manos, levanten sus manos hacia Dios y que se lo
den todo. Él es el único que puede dar paz. Él es el único que puede
llevar a nuestros hijos para que alcancen todo el potencial que les
ha dado Él mismo. Tal vez no estén alcanzando nuestras
expectativas y sueños, pero Dios puede cumplir su voluntad en sus
vidas si lo dejamos hacerlo. Como padres, es importante
que le permitamos a Dios guiar a nuestros hijos y a obrar en ellos
sin que lo bloqueemos con nuestro enojo, amargura y pesar[1].

JOYCE THOMPSON

Todos los niños necesitan la seguridad del perdón de mamá cuando hacen algo malo. Los padres también necesitan perdón. A veces lo que en verdad necesitamos es la humildad de pedir y recibir perdón de nuestra familia, incluso de nuestros hijos, por nuestros errores.

En este capítulo examinaremos los principios bíblicos del perdón y también presentaremos historias de mamás que han aprendido a aplicarlos en sus propias vidas. Te sentirás animada por sus experiencias, y quizá hasta reconozcas tus propias luchas en estos ejemplos.

Cómo perdonó una mamá

En sus escritos, el apóstol Pablo nos enseña con toda claridad la importancia de deshacerse del enojo: «Si se enojan, no pequen. No dejen que el sol se ponga estando aún enojados, ni den cabida al diablo» (Efesios 4:26-27). Kit es una mamá que ha aprendido la importancia de pedirle ayuda al Espíritu Santo para obedecer sus amonestaciones. Después de vivir por varios años en la zona de Dallas, Tejas, ella, con su esposo y familia se mudaron a una tierra de sesenta y cinco hectáreas que heredaron en Luisiana. En ese entonces, Kit y su esposo eran cristianos recién convertidos, con una hija de ocho años y un hijo de doce.

«A mí no me entusiasmaba mucho la mudada, pero para mi hijo, Russell, fue un choque cultural traumático», dijo. «La ciudad más cercana nos quedaba a veinticuatro kilómetros. Ya no podría ir a jugar al tenis ni nadar en el club social. La única posibilidad de nadar la presentaba un canal que corría por la propiedad».

A medida que pasaba el tiempo y comenzaba la pubertad, Russell se volvió más hosco e irritable. Una tarde, mientras se preparaba para ir a la ciudad, Kit descubrió que el muchacho no había hecho las tareas asignadas. Cuando lo cuestionó al respecto, él respondió enseguida con un comentario sarcástico y emprendió la salida del cuarto.

«Su actitud me hizo enojar. No debió hablarle a su padre de esa forma», dijo. «Reaccioné empujándolo contra la pared de la cocina. Sin embargo, al instante me di cuenta de que era más alto y más fuerte que yo. ¡Me podría lastimar! Se recostó contra la pared con una sorpresa total en sus ojos, pues nunca había reaccionado hacia él de una manera física».

Mientras Kit conducía su automóvil camino a la ciudad, le habló al Señor sobre sus acciones de enojo. El Espíritu Santo le recordó con amabilidad que era su deber corregir a Russell, pero que se había excedido en su respuesta.

«Cuando regresé a casa, fui a su dormitorio y toqué a la puerta», dijo. «En cuanto me abrió, comencé a decir: "Russell, siento mucho por la forma en que actué...". Pero antes de que pudiera terminar la frase, me interrumpió con: "Mamá, yo soy el que necesita decir que lo siento". Nos abrazamos, y yo lloré con agradecimiento por la maravillosa manera en que el Espíritu Santo maneja nuestros problemas cuando hacemos las cosas a la manera de Dios».

El control del enojo

Muchas de nosotras hemos tenido la frustrante experiencia de enojarnos con nuestros hijos, y luego más tarde, si vamos a ser sinceras de verdad, reconocer que la raíz de nuestra animosidad no se relacionaba a ellos en absoluto. Solo aprovechamos la oportunidad para dejar salir nuestros sentimientos reprimidos cuando un hijo comete una pequeña infracción. Si una mujer permite que esta tendencia se convierta en un patrón de conducta habitual, socava su vida espiritual y establece un mal ejemplo para sus hijos. No obstante, la ayuda de Dios está a la disposición de cada una de nosotras.

Cuando Dorothy se vio reaccionando con enojo cada vez que sus hijos comenzaban a pelear por algo, se dio cuenta de que tenía un problema con el enojo reprimido que no sabía que estaba allí. Empezó a aprender de memoria versículos bíblicos sobre este asunto, y le pidió al Señor que la ayudara a controlar su temperamento para que a su vez les pudiera enseñar a sus hijos cómo controlar los suyos. Poco a poco aprendió la técnica de darle su frustración a Jesús y les enseñó a sus hijos a hacer lo mismo.

Una tarde su hijo de cinco años, Ben, le pegó a su primo, Sam, que era menor, porque este le rompió su juguete favorito. Dorothy separó a los niños y le dijo a Ben que tenía que pedirle perdón a Sam por haberle pegado. Luego le dijo a Sam que tenía que pedirle perdón a Ben por haberle roto su juguete. Los dos niños dijeron: «Lo siento». A continuación Dorothy le explicó a

Sam que él y su mamá tendrían que encontrar una forma de sustituir el juguete roto.

Aunque Ben le pidió perdón a Sam por pegarle, y aceptó las disculpas de su primo, seguía muy enojado. «Ve a tu cuarto, Ben, y entrégale tu enojo a Jesús», le dijo Dorothy a su hijo. «Dile que lamentas haber perdido el control, y pídele que te ayude a calmarte».

Después de un rato, el niño regresó a la sala de estar. «Mamá, le di a Jesús mi enojo y le pedí que me diera su paz», dijo. «Mi amor, eso es muy bueno», le respondió Dorothy. Entonces usó la experiencia para explicar el pasaje en Efesios 4:2-3, convirtiéndolo en una oración: «Señor, oro que mis hijos sean humildes y amables, siempre pacientes, y que sea amen y que traten de vivir en paz». Ben está aprendiendo que cuando pierde el control, debe ir a un lugar solo y hablar con Jesús en cuanto a eso.

¿Qué es el perdón?

Desde luego, no todas nosotras lidiamos con el enojo que en ocasiones sentimos contra nuestros hijos con tanto aplomo como lo hacen algunas mamás. Antes de pensar con detenimiento, algunas veces reaccionamos diciendo palabras que más tarde desearíamos borrar. En su libro titulado *Easing the Pain of Parenthood*, Mary Rae Deatrick les ofrece este consejo a los padres:

> Enfrentando nuestras emociones, enfrentamos los hechos y aceptamos las circunstancias que abren la puerta para poner nuestras cargas sobre el Señor en oración. Ahora estamos listos para recibir de Dios nuestro consuelo, nuestra sanidad emocional y nuestra dirección [...] Arreglemos lo que podamos arreglar, cambiemos lo que podamos cambiar, y perdonemos todo el lío restante. Les insto a que no crean que el fracaso es final[2].

Los ejemplos de Kit y Dorothy ilustran con claridad que el perdón es una decisión, una acción de nuestra voluntad. Muy a menudo cuando uno de nuestros hijos hace algo que muestra irresponsabilidad, engaño o rebelión, permitimos que el enojo empañe nuestro razonamiento. Nuestras emociones se interponen en nuestra disposición de perdonar al ofensor. Aun así, Dios es fiel para recordarnos que necesitamos perdonar, tal como Él nos ha perdonado a nosotros.

El salmista describe la extensión del perdón de Dios: «Tan lejos de nosotros echó nuestras transgresiones como lejos del oriente está el occidente» (Salmo 103:12). Al considerar todo el significado del perdón, vemos los siguientes pasos como parte del proceso:

1. abandonar el deseo de castigar o vengarse
2. perdonar al ofensor por una falta o delito menor
3. cambiar la actitud defensiva
4. renunciar al enojo
5. absolver del pago

Cuando decidimos dar el primer paso hacia el perdón de la ofensa de un hijo, podemos pedir el poder del Espíritu Santo para que nos ayude con el resto del proceso. Esto no quiere decir que le permitamos al niño «escaparse» de la desobediencia o el mal comportamiento. Podemos pedirle al Señor que nos ayude a aplicar la disciplina apropiada, pero también podemos usar la situación para enseñarles a nuestros hijos el poder de la misericordia y el perdón de Dios. Estos versículos nos ayudan a poner la verdad en perspectiva:

Vamos a ser juzgados en cuanto a si hemos hecho o no lo que Cristo quiere que hagamos. Así que ¡cuidado con lo que hacemos y pensamos! No habrá misericordia para los que no han mostrado misericordia. Pero si hemos sido misericordiosos, saldremos victoriosos en el juicio (Santiago 2:12-13, LBD).

No dejes de perdonar

Durante el período cuando Debbie tenía cuatro hijos en edad escolar que alistar todas las mañanas, parecía que enojarse con sus hijos era parte de su rutina diaria.

«No estoy segura cuándo fue que el mal comportamiento de mis hijos dejó de ser una parte normal de la niñez que requería corrección y se convirtió en un catalizador para mi temperamento», nos escribió Debbie. «Mis hijos hacían muchas cosas que me enojaban. Las discusiones de Jim. Los cuentos de Jerry, los arranques emocionales de Julie y las constantes quejas de Janet».

Al principio, Debbie no les prestó mucha atención a sus arranques considerándolos el resultado de niños caprichosos. Sin embargo, al final enfrentó que le tenía pavor a la llegada de sus hijos de la escuela. Cuando oró en cuanto a esto, el Señor le mostró que tenía que perdonar a sus hijos.

«Aunque le había pedido perdón al Señor por enojarme, no le había pedido que me ayudara a perdonar los insultos de mis hijos», dijo. «No es de extrañarse que me enojara con su primera ofensa por la mañana. Quería despojarme de la carga que sentía por el comportamiento anterior de mis hijos, así que un día le di al Señor las discusiones, los cuentos, los arranques y las quejas, y le pedí que me ayudara a perdonar como lo hace Él, que no deja nada pendiente. Entonces pensé enseguida: *Voy a tener que hacer esto mil veces antes que mis hijos crezcan*[3].

Cuando leí (Quin) la historia de Debbie, de inmediato pensé: *Querida Debbie, vas a tener que seguir perdonando después que crezcan. Sé que yo lo tengo que hacer.*

He aquí una revelación de una mamá de experiencia: Solo porque perdones una vez a tu hijo, no quiere decir que este no va a hacer la misma cosa que te hiere una y otra vez. Con todo, si decides con antelación que optarás por perdonar antes que reaccionar con enojo, estarás más cerca de tu meta de convertirte en una madre guiada por el Espíritu. Y crearás paz en tu corazón y en tu hogar.

Corrie ten Boom, la famosa evangelista holandesa, tenía una forma única de explicar por qué puede tomar tiempo alcanzar un lugar de perdón total, en especial si has estado guardando una lista de ofensas contra alguien. Lo comparó a un sacristán halando una soga para tocar la campana en la torre de una iglesia. Mientras tanto siga tirando de la soga, la campana sigue sonando. Escribe:

> Después que el sacristán suelta la soga, la campana sigue moviéndose. Primero un tan, luego otro tan. Cada vez más lento hasta que se detiene el último tan. Cuando perdonamos a alguien, quitamos nuestras manos de la soga. No obstante, si hemos estado abrigando nuestras quejas por mucho tiempo, no debe sorprendernos cuando los viejos pensamientos de enojo continúen volviendo por algún tiempo. Son solo los tantanes de la vieja campana que van más despacio[4].

Sí, tal vez los pensamientos acusadores sigan sonando en tu mente por algún tiempo. Con todo, debes contrarrestar esos pensamientos obedeciendo la Palabra de Dios: «Destruimos argumentos y toda altivez que se levanta contra el conocimiento de Dios, y llevamos cautivo todo pensamiento para que se someta a Cristo» (2 Corintios 10:5).

Enfoquémonos en las promesas de Dios de perdonarnos mientras perdonamos a los que nos ofenden y luego apliquemos esta promesa para perdonar a nuestros hijos, aun si toma algún tiempo que el banco de nuestros recuerdos deje de guardar la evidencia y para que desaparezca el último tantán.

Cómo encontrar la ayuda de Dios para perdonar

Dolores nos contó acerca de su lucha con el enojo cuando su hija le informó que su hermano de trece años de edad, Willie, estaba en el bosque fumando mariguana con sus amigos.

«Estaba consternada», nos dijo. «Después de todo lo que le habíamos enseñado en cuanto a no consumir drogas, ¿cómo hacía esto? Necesitaba hablar con alguien, pero me daba vergüenza admitir mi fracaso ante mis amigos y familiares. Mi esposo, Steve, no era una opción. Trabajaba en un empleo en la construcción durante el día y como ingeniero de noche, tratando de ponernos al día en lo económico después de un largo y devastador despido. Así que tomé las cosas por mi cuenta».

Se puso en camino con el perro de la familia para que olfateara el paradero exacto, muy pronto se encontró con los tres adolescentes sentados alrededor de una pequeña fogata y mirando a las llamas. Cuando llegó, no vio ninguna evidencia de que estuvieran fumando, así que quizá la escucharan venir. Sin embargo, Dolores agarró a su hijo, lo levantó de un tirón y lo llevó a casa mientras los otros muchachos se esfumaban.

«¿Por qué me haces esto?», le gritó cuando llegaron a su cuarto, pero trataba de comunicarse con alguien cuyo cerebro estaba nebuloso. Solo la miró sin responder.

Dolores enfrentó la realidad de que parte de esta situación se debía a la propia negligencia de ella y de Steve. Su esposo estaba fuera del hogar la mayor parte del tiempo, y los fines de semana pasaba horas hablando por teléfono con relación a su negocio de construcción. En defensa propia, o lo más probable por venganza, decidió ir tras su muy pospuesta meta de terminar sus estudios. ¿No bastaban dieciséis años de cuidado de hijos con dedicación exclusiva? Pensaba que sus dos hijos adolescentes eran lo suficiente mayores como para cuidarse solos por la tarde, mientras conducía sesenta y cuatro kilómetros hasta la universidad para las clases vespertinas.

«Después de clases, en lugar de ir a mi casa, me iba a comer pizza con una amiga que sufría el rompimiento de su matrimonio», dijo Dolores. «Mi amiga decía que nuestras conversaciones la ayudaban; sin embargo, yo no era capaz de ayudar a mi familia en absoluto».

Alarmada por su enojo hacia Willie, Dolores se dio cuenta de que se necesitaban cambios drásticos, y que debían comenzar con los suyos. En lugar de inscribirse en la universidad para el siguiente semestre, decidió tomar un curso bíblico en su iglesia. Aprendió la importancia de tener una relación personal con Dios como su Padre celestial, y con Jesús como Señor y Salvador. Y descubrió la importancia de pasar tiempo a solas todos los días para orar, estudiar las Escrituras y buscar la dirección del Espíritu Santo para su vida.

Durante sus estudios se dio cuenta de que Dios en realidad tenía algo valioso y actual que decirle mediante su Palabra. Un día, cuando Isaías 55:8-9 se le hizo muy real, lo marcó en su Biblia y lo escribió en su cuaderno para no olvidarlo jamás:

> Mis pensamientos no son los de ustedes, ni sus caminos son los míos —afirma el Señor—. Mis caminos y mis pensamientos son más altos que los de ustedes; ¡más altos que los cielos sobre la tierra!

«Creí que eso significaba que debía confiar en Dios para que me diera la clase de dirección y guía que jamás obtendría por mi cuenta», dijo Dolores. «Un versículo en la epístola de Santiago también se convirtió en mi salvavidas para ayudarme a controlar mi enojo: "Todos deben estar listos para escuchar, y ser lentos para hablar y para enojarse; pues la ira humana no produce la vida justa que Dios quiere" (Santiago 1:19-20)».

A medida que otros versículos bíblicos le hablaban, Dolores los subrayaba y los escribía hasta que al final había llenado un libro pequeño con cubierta de terciopelo rojo. A este librito lo llamó su «Libro de primeros auxilios», y lo leía a menudo cuando sentía que se le apoderaba un espíritu de desesperanza. Además de encontrar promesas de Dios y de escribir sus pensamientos, Dolores comenzó a aplicar las disciplinas que la ayudarían a caminar bajo la asesoría y el poder del Espíritu Santo por el resto de su vida.

«Por último confesé que era una madre que necesitaba ayuda, y le pedí a Jesús que me perdonara por dejarme tentar por mi enojo», dijo. «Eso fue primordial para perdonar a Willie por ser un hijo tan difícil. Aun así, tuve que seguir perdonándolo todos los días. Cada vez que me enojaba con él oraba: "Señor, sé que mi enojo no va a hacer un hombre justo de mi hijo. Solo tú puedes hacer esto". Las promesas de Dios eran todo en lo que me podía apoyar. Después de años de lucha, Willie comenzó a volverse a Dios y a resolver sus problemas[5].

A menudo las mamás luchamos con perdonar a un hijo desobediente porque nos parece que antes debemos aplicar alguna forma de disciplina. ¿Hay algunos casos en los que debemos dejar la disciplina y solo ofrecer perdón? La siguiente historia nos da una perspectiva interesante sobre esta pregunta.

Una lección sobre el perdón

Nuestra amiga Beth y su esposo, Floyd, enfrentaron una elección difícil en cuanto a su hija mayor. Un sábado descubrieron que su hija de catorce años de edad, Julee, y la hija de una vecina salieron sin permiso en «una cita en automóvil» con un adolescente mayor, un chico que parecía una mala influencia.

Beth y Floyd no sabían a dónde había ido su hija, así que lo único que podían hacer era esperar y orar, pidiéndole a Dios que pusiera un cerco de protección alrededor de su hija. Más tarde esa tarde, mientras Floyd estaba a punto de marcharse para su trabajo en el turno de la noche, Julee llamó por teléfono.

«Mamá, ¿me puedes venir a buscar?», le preguntó Julee como un ruego.

«¿Dónde estás? Estaré allí enseguida», le respondió Beth.

Antes de salir, ella y Floyd hablaron sobre cómo manejar el asunto. Recordaron que si Julee les pedía perdón, la tenían que perdonar. Aunque también celebrarían un concilio familiar para hablar de lo sucedido. Cuando condujeron sus dos automóviles hasta la dirección, encontraron a Julee sentada en la acera, esperándolos con ansiedad.

—Te veo en el concilio familiar mañana, ahora tengo que ir a trabajar —le dijo Floyd. Se fue dejando a Beth para enfrentar a una adolescente muy afligida.

—Mamá, yo no hice nada, te lo aseguro —le dijo Julee llorando y arrojándose a los brazos de su madre.

—Entra al automóvil y espérame —le dijo Beth con firmeza. Ella entró a la casa que le resultaba desconocida y se horrorizó al ver el lugar lleno de adolescentes drogados. Por todos lados había botellas de bebidas alcohólicas y cigarrillos de mariguana. Cuando encontró a la hija de su vecina, la agarró y la llevó a su automóvil.

—No me digan ni una palabra ahora —les dijo Beth luchando por controlar su enojo mientras conducía a las chicas por la ciudad—. Necesito tiempo para pensar en esta situación.

Julee lloró todo el camino hasta que llegaron a la casa de su amiga. Después que la otra muchacha entró a su casa, Julee le dijo de golpe:

—Mamá, ¿me perdonarás?

—Sí, te perdono —le respondió Beth, aunque en ese momento no se sentía con muchos deseos de perdonar.

—¿Me perdonará papá? —le preguntó Julee que todavía lloraba.

—Tendrás que preguntárselo. ¿Le quieres escribir una nota?

Después que llegó a casa, Julee garabateó en una hoja de cuaderno: «Papá, lo siento mucho. ¿Me perdonarás? Con amor, Julee», y la dejó en la mesa del comedor. Después que su papá llegó y se acostó, Julee salió de su cuarto para ver la respuesta.

Con gran alivio, leyó: «Te perdono. Con amor, Papá».

Mientras tanto, al prepararse para el concilio familiar, Floyd y Beth decidieron que tratarían el asunto enseñándole a Julee una lección sobre el perdón incondicional.

¿Y qué con lo de ayer?

Al día siguiente, Floyd, Beth y sus tres hijas se sentaron alrededor de la mesa para su reunión de concilio.

—¿Alguien necesita discutir alguna cosa esta mañana? —preguntó Floyd. Miró alrededor del círculo—. Beth, ¿tienes algo para discutir?

—No, no tengo —respondió Beth negando con la cabeza.

—¿Y qué con lo de ayer? —preguntó Julee con ansiedad, mirando a uno y otro padre.

—¿Qué fue lo de ayer? —preguntó Floyd.

—Papá... tú sabes —exclamó Julee.

—No, yo no sé —le dijo alcanzándole la Biblia y un pedazo de papel—. Bien, Julee, ten nuestra lectura devocional. He escrito estos pasajes para hoy.

Abriendo la Biblia de su padre, Julee leyó delante de toda la familia:

> Y cuando estén orando, si tienen algo contra alguien, perdónenlo, para que también su Padre que está en el cielo les perdone a ustedes sus pecados (Marcos 11:25).

> No agravien al Espíritu Santo de Dios [...] Abandonen toda amargura, ira y enojo, gritos y calumnias, y toda forma de malicia. Más bien, sean bondadosos y compasivos unos con otros, y perdónense mutuamente, así como Dios los perdonó a ustedes en Cristo (Efesios 4:30-32).

> Pedro se acercó a Jesús y le preguntó: Señor, ¿cuántas veces tengo que perdonar a mi hermano que peca contra mí? ¿Hasta siete veces? No te digo que hasta siete veces, sino hasta setena y siete veces» (Mateo 18:21-22).

Julee quedó desarmada del todo por el acto de perdón total de sus padres. Mientras leía los versículos de las Escrituras, ella y sus hermanas lloraban. Floyd cerró la reunión con oración, agradeciéndole a Dios por su amor y perdón. Nunca más mencionaron la desobediencia de Julee.

Un pedido de perdón

Un día, casi un año después, un joven muy bien parecido tocó a la puerta y pidió hablar con Beth. «Usted no me conoce, pero yo soy el que llevó a su hija a una fiesta de drogas el año pasado», le explicó. «Me había unido al grupo de la iglesia para poder conocer jovencitas buenas e inocentes como Julee y luego instarlas a que probaran las drogas. La idea era hacerlas drogadictas para que dependieran de nosotros para su suministro».

Beth lo invitó a que entrara y le contara el resto de la historia. «Su hija de catorce años no probó nada en esa fiesta», continuó. «Cuando me pidió que la llevara a su casa, me negué y entonces la llamó a usted. Estaba enojado de que una muchacha de catorce años tuviera más dominio propio que yo que tenía dieciocho. Después de eso, comencé a buscarle un significado a mi vida, y al final lo encontré en Jesucristo. Ahora trabajo para Jesús, tratando de sacar a jóvenes de la cultura de las drogas. Sin embargo, quiero pedirle perdón por lo que sucedió con Julee el verano pasado».

¡Qué contentos estaban Beth y Floyd de haber respondido a la desobediencia de su hija con amor y perdón! No solo fue una lección valiosa para Julee, sino también para sus hermanas menores, y nunca más ninguna de ellas salió del hogar en una cita sin permiso.

Quizá todavía no has tenido que enfrentar un asunto similar, pero los principios bíblicos que otros padres guiados por el Espíritu tienen para lidiar con los problemas pueden inspirarnos a ir a las Escrituras para buscar soluciones a nuestros desafíos.

Por ejemplo, vi (Quin) un pasaje de la Biblia bajo una nueva luz cuando mi amiga Sylvia me contó cómo aprendió a perdonar a su hijo, Matthew. A través de los años, he usado su «método» cuando he necesitado perdonar a alguien. A medida que tus hijos crecen y tienes que lidiar con problemas en cuanto al perdón, tal vez encuentres muy útil el ejemplo de Sylvia.

Cárgaselo a Jesús

Aunque Matthew ya no vivía en el hogar, cuando venía a visitarlos, Sylvia temía verlo entrar por la puerta del frente porque hacía un tremendo escándalo. Después de gritar e insultarla, se iba a toda velocidad por el camino de entrada. Ella, a su vez, se desplomaba llorando.

Por años, Sylvia había dependido del Espíritu Santo para que le diera respuestas. Una tarde, después de la visita de su hijo, se sentó en el patio, Biblia en manos, para una conversación sincera con el Señor. «Dios, me duele mucho cuando Matthew me dice esas cosas horribles. Me resulta muy difícil perdonarlo por todas esas palabras hirientes».

Abriendo su Biblia, leyó en Filemón, la carta del apóstol Pablo a un amigo pidiéndole que recibiera a su esclavo que había huido y que ahora había llegado a conocer a Cristo bajo el ministerio de Pablo. Esas palabras parecieron saltar directo y entrarle al corazón: «Si te ha perjudicado o te debe algo, cárgalo a mi cuenta. Yo, Pablo, te escribo esto de mi puño y letra: te lo pagaré; por no decirte que tú mismo me debes lo que eres» (Filemón 18-19).

Jesús mismo pareció susurrarle: *Si Matthew ha hecho algo malo o te debe algo, cárgalo a mi cuenta... Yo te lo pagaré. Pero no lo olvides, tú me debes tu propia vida.* Estas palabras le dieron a Sylvia una forma práctica para lidiar con su dolor. Derramó su corazón al Señor ese día, cargando todos los insultos de Matthew a la cuenta de Jesús.

«Perdoné a mi hijo y le pedí a Dios que también lo perdonara», dijo. «Al hacerlo, liberé a Matthew de haberme infligido todas esas heridas a través de los años, ya sea consciente o de manera inconsciente. Entonces le di gracias a Dios por permitirme ser la madre de Matthew, pues lo había adoptado cuando era muy pequeño»[6].

Hoy, Matthew no solo camina con el Señor, sino que celebra un estudio bíblico semanal, y su madre siempre está presente allí para alentarlo.

Opta por perdonar

El apóstol Pablo escribe: «Sean bondadosos y compasivos unos con otros, y perdónense mutuamente, así como Dios los perdonó a ustedes en Cristo» (Efesios 4:32). En este versículo, la palabra para *perdonar* en el original griego significa «otorgar un favor de forma incondicional»[7]. Según el plan de Dios, perdonar es impartir un favor a la persona que nos ha ofendido. Jesús nos instruyó con claridad: «Perdonen y se les perdonará» (Lucas 6:37) Aquí, perdonar quiere decir «dejar suelto de», o «liberar», «dejar a una persona libre»[8].

Cuando decidimos perdonar a una persona, varias cosas se ponen en movimiento.

1. Extendemos amor y misericordia al que perdonamos.

2. Lo liberamos de nuestro juicio y permitimos que Dios haga el juicio.

3. Liberamos a la otra persona y a nosotros mismos de la esclavitud por la falta de perdón.

4. Con un corazón limpio, ahora podemos orar por esa persona para que reciba las bendiciones de Dios.

5. Seremos capaces de recibir las bendiciones que vienen cuando obedecemos la Palabra de Dios.

Tan pronto como nos damos cuenta de que nuestras palabras o nuestras reacciones precipitadas hirieron a nuestros hijos, debemos hacer algo al respecto. Sin embargo, es importante orar por el tiempo oportuno y por las palabras apropiadas, y estar seguros de que cuando le pedimos a un hijo que nos perdone, lo hacemos por el motivo adecuado y en una actitud de humildad.

Al poner tal ejemplo, les enseñaremos a nuestros hijos una de las lecciones más poderosas y significativas que aprenderán en sus vidas.

Oración

Tal vez encuentres que una de las siguientes oraciones es apropiada para tu situación:

Padre, por favor, prepara a mi hijo para recibir mis disculpas. Ayúdame a hablar con sinceridad, pero con tu amor y compasión. Confío en que vas a preparar la oportunidad para perdonar y que tenga lugar la reconciliación. Gracias, Señor, porque tú nos darás la victoria en esta situación y sanarás nuestra relación. Gracias por perdonarme y por perdonar a mi hijo. En el nombre de Jesús, amén.

O esta otra oración:

Padre, dame la capacidad de perdonar a mi hijo. Te pido tu sabiduría, fortaleza y discernimiento. Oro para que el Espíritu Santo sea mi maestro y consolador mientras atravieso este incidente tan doloroso. Ayúdame para apropiarme de tu gracia a fin de que quite cualquier desilusión, resentimiento o deseo de castigar con dureza. Gracias porque Romanos 5:5 me asegura que tú vas a derramar tu Espíritu Santo, dándome la capacidad de amar a mi hijo de una manera más profunda como nunca antes. Señor, quiero que mis acciones te agraden. Amén.

Pasajes bíblicos para la Meditación

«Perdónanos nuestras deudas, como también nosotros hemos perdonado a nuestros deudores» (Mateo 6:12).

No juzguen, y no se les juzgará. No condenen, y no se les condenará. Perdonen, y se les perdonará» (Lucas 6:37).

«A quien ustedes perdonen, yo también lo perdono. De hecho, si había algo que perdonar, lo he perdonado por consideración a ustedes en presencia de Cristo, para que Satanás no se aproveche de nosotros, pues no ignoramos sus artimañas» (2 Corintios 2:10-11).

8

El poder para
las presiones de la vida

Cómo serenar el ritmo agitado de la vida

*Por consiguiente, queda todavía un reposo especial para
el pueblo de Dios; porque el que entra en el reposo de Dios
descansa también de sus obras, así como Dios descansó
de las suyas. Esforcémonos, pues, por entrar en ese reposo.*

HEBREOS 4:9-11

*Ah, es evidente que mi pedacito de tiempo a solas
no ha sido la solución mágica para nada. Todavía no puedo
hacer entrar a los niños con más rapidez que una bala
en la furgoneta, ni de un solo salto completar agendas
demasiado recargadas. Sin embargo, puedo hacer algo aun mejor.
Me puedo reír con más facilidad. Vivir con más alegría.
Disfrutar las cosas tal como son y con un poco más de frecuencia.
Puedo recordar que hay mucho más en cuanto a esta mamá que
mantenerse en movimiento. Puedo atreverme a considerar:
una siesta, una oración, una pausa cada vez, para que en realidad
no tenga que ganarme el amor a fin de probar mi utilidad*[1].

DEENA LEE WILSON

El mundo actual es un ajetreado lugar lleno de actividades y obligaciones para casi todas las familias; muchas de ellas sufren de sobrecarga de actividades. Sin embargo, Dios quiere que descansemos en su amor, que «seamos» en lugar de que «hagamos».

Los versículos anteriores de Hebreos nos presentan ese tesoro elusivo con el que solo sueñan tantas mamás que viven bajo tensión: *descanso*. Debido a que el verbo *descansar* significa dejar de trabajar, casi siempre lo asociamos con el descanso físico. Aun así, queremos analizar la idea del *descanso* desde una perspectiva más amplia, tener un sentido interno de paz y la habilidad de llevar a cabo nuestras responsabilidades sin sentirnos entumecidas ni hechas polvo al final del día.

Mediante la provisión de Cristo para nosotras, tenemos la oportunidad de entrar en su descanso, un lugar de completa dependencia en Dios. No obstante, demasiado a menudo las mamás tratamos de manejar nuestros deberes y presiones por nuestra cuenta, olvidando que tenemos a nuestra disposición el descanso de Dios. Debemos modificar nuestro ciclo sin fin de actividades y adoptar la perspectiva de Dios, recordando que Él nunca está, ni ha estado, ni estará bajo presión ni apurado.

Su carga es liviana

Recuerdo (Ruthanne) un tiempo muy estresante en mi vida cuando asistí a un retiro de fin de semana durante la primavera en una hacienda que recibe huéspedes en Tejas. El horario proporcionaba mucho tiempo para meditar y reflexionar, lo cual necesitaba tanto en ese entonces.

Una tarde subí a una colina hasta que llegué a una gran roca plana y me senté para disfrutar de la amplia vista en el calor del sol. Le dije al Señor lo frustrada que estaba entre el conflicto que me presentaban los desafíos enfrentados con mi hijo de doce años y la presión de escribir un trabajo que había aceptado. *¿Cómo puedo hacer todo lo que se espera de mí?*, me preguntaba.

Mientras oraba, el Espíritu Santo me recordó las palabras de Jesús: «Vengan a mí todos ustedes que están cansados y agobiados, y yo les daré descanso [...] Porque mi yugo es suave y mi carga es liviana» (Mateo 11:28, 30). Cuado me di cuenta de que la presión que sentía era una carga que me había impuesto, me arrepentí por tratar de hacer las cosas por mis propias fuerzas. Tomé la decisión de dejar mi carga en esa enorme roca y confiar más por entero en la ayuda y la dirección del Espíritu Santo para cada tarea y problema familiar. Regresé a casa al día siguiente sintiéndome renovada y con más energía. ¿Cambiaron las circunstancias? En realidad no, pero ahora las miraba de otra manera. Y entendí mejor el significado de «esforcémonos, pues, por entrar en ese reposo» (Hebreos 4:11). Se requiere un esfuerzo para resistirse a hacer las cosas por nuestra cuenta y tratar de establecer el hábito de confiar en la fuerza de Dios para que las demandas de la vida no nos agobien.

Ahora mi esposo y yo vivimos en el campo lleno de lomas de Tejas, y tengo una cosa que me ayuda mucho a aliviar la tensión cuando siento la presión de hacer muchas cosas en muy poco tiempo. Me puedo sentar en el portal de atrás de nuestra casa hecha de troncos, puedo mirar a los ciervos y disfrutar el panorama mientras le pido al Señor que me ayude a ordenar mis prioridades. Aun así, todavía tengo que esforzarme por dejar de hacer mi trabajo y tomar un descanso si quiero evitar la extenuación al final del día.

¿Cuáles son tus prioridades?

Una madre guiada por el Espíritu es una persona que de alguna forma encuentra el poder para ayudar a su familia a encontrar paz, dentro de un ritmo saludable, resistiendo las presiones de estar enredados en demasiadas ocupaciones innecesarias. ¿Pero cómo? Debe hacer un inventario y decidir lo que es importante de verdad para ayudar a sus hijos a llegar a ser niños buenos y formales. Sobre todo, debe establecer su propio «lugar de descanso», su tiempo a solas para orar, reflexionar y encontrar la dirección de Dios.

Les preguntamos a varias mamás cristianas lo que consideraban prioridades en sus familias. He aquí algunas de sus respuestas:

❄ orar juntos e ir a la iglesia en familia

❄ comer al menos una comida al día en familia

❄ no sobrecargar a los pequeños con presiones que no pueden soportar

❄ programar el tiempo para el esposo (salir en una cita)

❄ hacer lugar para un tiempo devocional personal

❄ mantener compañeras de oración y tener tiempos de oración con ellas

Mi (Quin) hija Quinett me dijo el otro día: «Mamá, me he dado cuenta de que oro mucho mientras plancho la ropa, le paso la aspiradora a las alfombras, lavo los platos y conduzco hacia el supermercado. Algunas de mis amigas se quejan de que no pueden encontrar una hora al día para orar, pero hay suficiente tiempo si hicieran "oraciones de un minuto" mientras trabajan». ¡Estoy de acuerdo!

Antes de que sus hijos de cinco y siete años de edad salgan para la escuela, se para con ellos delante del refrigerador o «tablero de oración» donde han colocado fotos de sus familiares y amigos. No solo oran por las personas cuyas fotos están allí, sino que oran por ellos, por el día, que tengan buenas actitudes, la habilidad de escuchar y aprender, y que tengan favor con sus maestras. También oran para mantener cuerpos sanos. Este último asunto tiene importancia especial para el hijo de cinco años que tiene asma.

Dos veces al mes, Quinett se reúne con su mejor amiga para tomar té. Mientras intercambian peticiones de oración y recetas de comidas, se ríen de los incidentes graciosos que suceden en las familias. Ella es una mamá muy ocupada, pero sabe que también tiene que apartar un tiempo para sí.

Cómo aprender a coincidir en un mismo fin

Hablamos con mamás que trabajan fuera del hogar y nos dijeron que se deben guardar de poner falsas expectativas en sus familias debido a que trabajan para contribuir a las finanzas de la familia. «Lo hago porque de otra forma mis hijos no podrían tener lecciones de música, de gimnasia o ballet si no las pagara», nos dijo una mamá. Otra mamá dijo que se dio cuenta de que tenía que cambiar su actitud y hábitos para ayudar a su familia a adaptarse a su nuevo horario de trabajo.

«Cuando decidí volver a mi trabajo de maestra este año, supe que no podía poner a mi familia bajo la misma presión que antes», dijo Carla, que tiene una hija de ocho años y un hijo de diez. «El Espíritu Santo parecía instarme a ser lo más organizada posible para evitar que todos nos estresáramos. Por otra parte, también me alentó para que saliera de mi dormitorio todas las mañanas con una sonrisa en el rostro. Y ha dado resultado. Trato de hacer las tareas de la casa y lavar la ropa de noche los días de semana y reservar los fines de semana para actividades que disfrutamos como familia».

Carla mira su trabajo como una oportunidad de mostrar el amor de Cristo a los niños menos privilegiados en la escuela primaria pública donde enseña. Su horario de trabajo le permite llegar a su casa casi a la misma hora que sus hijos, así que puede llevar a su hijo a sus prácticas de béisbol y a su hija a las de fútbol, si es necesario.

«Hemos aprendido a convergir aun más como familia desde que he vuelto a trabajar como maestra, pero al igual que con todas las familias, nos llevó un poco de tiempo adaptarnos», nos dijo riendo. «Todas las mañanas, antes de salir para mi trabajo, le pido a Dios por lo que llamo "mi unción de hoy" y confío en que Él va a organizar mi día. Por supuesto que, cuando lo hago, el día fluye con mucha más suavidad, tanto en la escuela como en casa, así que no voy a dejar mi tiempo de oración. Los domingos siempre vamos juntos a la iglesia».

Busquemos primero su reino

Separar tiempo para orar y meditar a solas requiere que quitemos de nuestra mente la culpa, la preocupación y el temor, y que solo descansemos. Muy a menudo, las mamás respondemos a la culpa que nos acosa antes que escuchar la voz suave y apacible de Dios. Hay canastos llenos de ropa por lavar. Las camas no están hechas. Los platos están en remojo en el fregadero. Está escasa la reserva de alimentos. Hay que preparar la cena. Todas estas cosas nos hacen sentir que aun cuando estemos extenuadas, tenemos que seguir adelante.

No puedo recordar (Quin) que haya dormido ni una siesta mientras criaba a mis tres hijos. Nunca se me ocurrió que podría ser una mamá mejor si descansaba media hora los días que me sentía agotada. Al volver la vista atrás, me doy cuenta de que hice una cosa que me relajaba y que les agradaba mucho a mis hijos. Dejaba de hacer casi cualquier cosa para llevarlos a la playa. Mi hijo decía que era la única mamá en el vecindario con la que se podía contar para que los llevara al mar para hacer surfing.

Mientras esperaba que pudieran encontrar la ola perfecta, yo caminaba por la playa de arena blanca, mientras el viento, el sonido de las olas y el aire salado me hacían sentir relajada. Aun mejor, mi alma se sentía renovada mientras hablaba con el Señor durante esas caminatas. Todavía hoy puedo cerrar los ojos y ver en la mente esas maravillosas tardes llenas de sol que pasé en las playas de la Florida que me gustan tanto. Y sonrío con gratitud por las promesas que Dios me dio para mis hijos durante nuestras conversaciones a la orilla del mar, promesas que ahora se han cumplido.

Muchas mamás tienen un sentimiento de fracaso por no pasar tiempo adecuado en oración. Nuestra amiga Diana Hagee, una ocupada esposa de pastor que ha criado cinco hijos, cuenta con franqueza su propia experiencia en la lucha para encontrar tiempo para orar. «Estaba segura de que Dios había olvidado mi nombre», dijo. En su frustración, buscó el consejo de su suegra, a la que consideraba una de sus consejeras.

«Pregúntate si le das a Dios todo el tiempo que puedes», le sugirió su suegra. También le recordó a Diana que dejara de compararse con otras personas porque Dios no lo hace. Le aseguró a Diana que Dios le revelaría su respuesta y que le mostraría cómo arreglar su horario para crear tiempo a fin de hablar con Él. A continuación le aconsejó que usara las instrucciones de Jesús como una guía para orar (véase Mateo 6:5-15).

Diana dice que siguió este consejo y que comenzó a hablar con Dios como una hija a un amoroso Padre. «No me encerré en un armario ni dejé de hacer mis tareas diarias, sino que llevé mi lugar a solas de oración conmigo [...] Algunas veces mis oraciones eran largas conversaciones o solo dos o tres palabras. Una de las oraciones más poderosas que oré fue: "¡Señor, intervén!"»[2].

Ser una madre guiada por el Espíritu Santo nos brinda muchas oportunidades para participar en las vidas de nuestra familia. Aun así, ser una mamá apurada no está en los planes de Dios para nosotras. Jesús no vivió apurado su vida. Si pudiéramos obedecer su consejo eterno sobre las prioridades, otras cosas caerían en su lugar a la manera de Dios y a su tiempo:

> Por eso les digo: No se preocupen por su vida, qué comerán o beberán; ni por su cuerpo, cómo se vestirán. ¿No tiene la vida más valor que la comida, y el cuerpo más que la ropa? [...] Más bien, busquen primeramente el reino de Dios y su justicia, y todas estas cosas les serán añadidas (Mateo 6:25, 33).

¡Tantas cosas que hacer!

La autora Cheri Fuller admite que con la llegada de cada hijo su horario era cada vez más ajetreado. Supervisaba las tareas escolares, y las actividades escolares y deportivas, haciendo malabarismo con las fechas en que tenía que entregar sus escritos, el trabajo voluntario en la iglesia y ayudando a su esposo en su negocio. El sentimiento de maravillarse por las cosas que una vez disfrutó con sus pequeños, ahora se sustituía por el trabajo y la preocupación.

«No veía los pequeño milagros que Dios ponía en mi camino», escribe. «Quería disfrutar el gozo de mis hijos y su sentido de descubrir las cosas [...] ¡pero había mucho que hacer!»[3].

Cheri nos cuenta su experiencia:

> Al final, bastante frustrada, le pregunté a Dios: «¿Qué puedo hacer?».
>
> Me pareció que susurraba con voz suave: *«¡Ve a volar una cometa!»*.
>
> «Ah, Señor», le respondí, «eso parece muy absurdo y poco práctico».
>
> *«¡De eso se trata!»*, me respondió.
>
> Así que fui a la juguetería y compré una cometa para remontarla en nuestra próxima salida familiar al parque. Chris y Justin disfrutaron el desafío de tratar de que la cometa se elevara con la brisa, y a Allison le encantó su turno de volarla, pero al final todos se aburrieron y se fueron a jugar. Yo me quedé sosteniendo el hilo.
>
> Mientras la cometa roja y azul se elevaba y casi no se veía en el cielo, mi espíritu se elevó. La brisa me hizo volar el cabello, y un sentido nuevo de maravilla se apoderó de mi corazón. Olvidé todas las cosas que tenía que hacer, y disfruté mucho del cielo azul y de la cascada de nubes. Entonces, cuando mi mirada se elevó, ¡allí estaba! Un arco iris doble espectacular. Una promesa doble, una bendición doble.
>
> Volar esa cometa no solo renovó mi espíritu, sino que me señaló hacia arriba, hacia Dios, que sabía lo que haría cantar a mi corazón[4].

Casi todas nosotras tenemos algo especial que hace que nuestro corazón cante, una actividad que nos produce refrigerio y que nos imparte nuevas energías cuando le dedicamos un poco de tiempo para disfrutarla.

Carrie se sienta en su portal varios atardeceres a la semana para empaparse de la belleza del sol que se pone detrás de las montañas cerca de su hogar. Bonnie da un paseo en bicicleta para dejar que la brisa le vuele las telarañas de la mente. Joanna encuentra consuelo en la bañera de agua caliente de la Asociación Cristiana de Jóvenes una vez a la semana. Billie escribe un «deseo del corazón» que planea lograr durante la próxima semana que va a agregar emoción a su vida y a romper su rutina.

Si has pospuesto pensar en una actividad especial que te gustaría disfrutar porque estás demasiado ocupada con los deberes de todos los días, haz un alto y escribe ese «deseo del corazón». Luego pídele al Señor que te ayude a encontrar un tiempo para disfrutarlo.

Cómo ganar tiempo para Dios

Connie es un ejemplo de una ocupada mamá de tres hijos guiada por el Espíritu Santo. Tiene un niño que apenas camina, otro de cinco y otro de siete años. Sin embargo, en medio de las actividades de la familia, programa un «tiempo de quietud» para sí misma todos los días.

Su esposo, que fue atleta, quiere que los hijos mayores participen en deportes, y ambos quieren que sus hijos se involucren en las actividades de la iglesia. Así que cinco noches a la semana participan en una actividad o en otra. Dependiendo de la estación, la familia lleva a cabo un servicio regular de transporte a partidos de *hockey*, béisbol o eventos de natación. Los domingos asisten a la iglesia, y una noche al mes Connie enseña un estudio bíblico.

A pesar de todo, esta sabia mamá utiliza el tiempo de la siesta de su bebé para su tiempo a solas con el Señor mientras los hijos mayores están en la escuela. Durante el verano, los hijos participan de juegos que no hacen ruido en sus dormitorios, mientras el bebé duerme y Connie ora, estudia la Biblia y adora al Señor. Nunca contestan el teléfono o la puerta durante este tiempo. A continuación Connie prepara una cena temprana para que la familia disfrute junta antes de ir a los eventos deportivos.

Antes de que los hijos salgan para ir a la escuela por las mañanas, Connie ora por ellos. Algunas veces escuchan casetes de adoración para niños mientras toman el desayuno. «Esto parece producir un efecto tranquilizante en ellos y en mí», dice. Tiene un corto período de oración antes de que el resto de la familia despierte por la mañana, pero su tiempo principal de «estudio» con Dios es por las tardes.

Como ex maestra de escuela que es muy diestra en música, Connie quiere que sus hijos aprendan a tocar por lo menos un instrumento, pero por ahora ha pospuesto ese sueño. Entretanto, los expone a buena música en discos compactos. Cuando sean mayores, va a encontrar una manera de agregarles lecciones a sus horarios.

A medida que los hijos crecen y se desarrollan, Connie va a tener que adaptar su propia rutina de la forma que sea apropiada. Aun así, como sabe lo importante que es para ella tener tiempo a solas con Dios, esto va a permanecer con una alta prioridad. Debido a que todas tenemos diferentes «relojes internos» y horarios familiares, debemos experimentar y aprender lo que da mejor resultado para nuestra etapa actual en la vida. Las siguientes palabras de Oswald Chambers nos pueden ayudar a evaluar lo que es importante de verdad:

> ¿Me siento agobiado por lo que sucede en mi hogar, mi negocio, mi país, o por la crisis actual que nos afecta a nosotros y a otras personas? ¿Estas situaciones me sacan de la presencia de Dios y me dejan sin tiempo para la adoración? [...] Cuidado con dejar atrás a Dios debido a tu anhelo de hacer su voluntad. Corremos adelante de Él en mil y una actividades y,

como consecuencia, nos cargamos tanto con las personas y los problemas que no lo adoramos ni intercedemos. Si cuando nos llegan la carga y la presión no tenemos una actitud de adoración, se producirá en nosotros no solo la dureza hacia Dios, sino desesperación en nuestras propias almas[5].

Seamos sinceras. De vez en cuando, casi todas nosotras necesitamos tiempo para detenernos y reconectarnos con las cosas que están en el corazón de Dios para nosotras y para nuestras familias.

Nada es demasiado difícil para Dios

Las mamás de hoy en día se dan cuenta de que las tensiones vienen en todos tamaños y diseños. No obstante, para muchas mamás divorciadas, el problema adicional de tratar con los asuntos de la custodia de los hijos aumenta la presión, tanto para ellas como para los hijos involucrados.

Teresa nos escribió sobre la custodia de Danny, su hijo de cinco años, compartida con su ex esposo. Los tribunales de divorcio de su estado les otorgan a los padres igual cantidad de tiempo cuando los hijos son menores. Esto quería decir que Danny pasaba tres días a la semana con su papá y luego cuatro con su mamá.

¿Era justo ese arreglo para Danny? Teresa pensaba a menudo en esa pregunta. Comenzó a ver señales de que su hijo sufría debido al continuo cambio de un hogar a otro, y nunca sentía que en realidad pertenecía a ningún lado. Le dolía desde lo más profundo ver que la tensión estaba llegando a ser casi sobrecogedora para su hijo.

«Mi mayor pesadilla era pensar que pudiera perder a mi hijo», dijo. «Pero después de orar sobre esto, al final tuve el valor para hablar con mi ex esposo de estas preocupaciones. Aunque ninguno de los dos quería dejar de pasar tiempo con Danny, yo no quería ir a los tribunales debido a la posibilidad de que el juez se pronunciase a favor de uno o del otro. Aun cuando la posibilidad de perder a Danny me enfermaba y los ojos se me llenaban de lágrimas, estaba desesperada por escuchar la voz de Dios y por tener su paz».

Mientras Teresa continuaba en oración, el Señor le mostró que su situación era muy parecida a la de las dos mujeres que le trajeron un bebé al rey Salomón y le pidieron que solucionara la disputa sobre quién era la verdadera madre. El rey propuso cortar al bebé en dos y darle la mitad a cada mujer. Una mujer no estuvo de acuerdo e insistió que le dieran el hijo a la otra mujer, lo cual reveló cuál era la verdadera madre (véase 1 Reyes 3:16-28).

«Se me hizo bien claro que una madre que ama y desea lo mejor para su hijo debe elegir la vida para él, aun si eso significa no poder criarlo», dijo Teresa. «Me di cuenta de que a nuestro hijo lo tiraban en dos direcciones. Fue muy difícil, pero tuve que poner mis deseos personales a un lado y hacer lo que era mejor para Danny. Después de mucha oración y de escudriñar mi alma, le dije al Señor que si tenía que dejar ir a mi hijo para que viviera con su padre, lo haría.

»Cuando telefoneé a mi ex esposo de nuevo para tratar de llegar a un acuerdo, tuvimos una buena discusión, pero al final él accedió en dejar que Danny viviera conmigo. ¡Qué gran milagro! Solo Dios podía haber cambiado el corazón de ese hombre y haber causado que estuviera dispuesto a abandonar sus derechos de esta manera. A través de esta experiencia aprendí que Dios en verdad honra la integridad y que nada es demasiado difícil para Él».

Los padres de Danny hicieron un horario de visitas compatible para los días feriados y los veranos, a fin de darle al niño tiempo especial con su papá.

Otras mamás tienen diferentes clases de presión que parecen llevarlas hasta el límite.

Cuando Mary Ann dejó su carrera de enfermera para cuidar a sus tres hijos en edad preescolar, extrañaba sus conversaciones con personas adultas. Así que arregló un cuarto en su casa como un cuarto de juegos, y luego invitó a otras mamás con sus hijos en edad preescolar a que la visitaran ciertos días. Las mamás disfrutaban de estas visitas mientras supervisaban a sus hijos que jugaban. En ocasiones, invitaba a varias parejas a que trajeran a sus hijos para cenar, y les pedía que trajeran su plato favorito para compartir. A todos les encantaban estas tardes de compañerismo que no les costaban mucho dinero.

Lynn, una madre que imparte la enseñanza escolar en casa a sus tres hijos que se llevan un año entre sí, luchaba con la forma en que podría hacer las compras de alimentos en su horario. Su esposo estaba fuera del hogar todo el día, y se llevaba el único auto que tenían, y tratar de hacer las compras los fines de semana le producía mucha tensión. Su solución fue planear comprar los comestibles una noche cuando su esposo estaba en casa con los niños, y estos ya estaban listos para acostarse. Así podía comprar en un supermercado cercano que estaba abierto veinticuatro horas, a una hora cuando la tienda no estaba tan llena de gente y podía ir por los pasillos con toda comodidad.

Sin importar cuál sea la fuente de tensión que sentimos, la solución es aminorar la marcha, evaluar la situación y pedirle al Espíritu Santo que nos muestre cómo podemos calmar nuestro ajetreado ritmo.

Observa el límite de la velocidad

¿Por qué pensamos que podemos correr siempre como una locomotora de vapor? Dios mismo trabajó seis días y luego descansó en el séptimo. Uno de los mandamientos que le dio a Moisés fue de guardar el día de reposo (véase Éxodo 20:8-11). Dios no creó nuestros cuerpos para que los hagamos trabajar dieciocho o veinte horas al día, cada día del año. Si tratamos de mantener ese paso, nos vamos a encontrar que no lo podemos resistir.

Una vez me pidieron (a Quin) que hiciera otro trabajo voluntario en la escuela como mamá que trabajaba en una clase. Era una mamá que trabajaba y que tenía tres hijos en esa escuela primaria. «Lo siento, pero no soy experta en ese trabajo», le dije a la maestra. Y era cierto, no tenía talento alguno para hacer las cosas que esperaba de una mamá que trabajara en su clase. Sin embargo, fue la primera vez que tuve la valentía de decirle que no a una maestra sin sentirme culpable. Si hubiera aceptado esa tarea, mi familia entera se hubiera visto afectada por mi frustración.

Pregúntate lo que puedes hacer para aligerar tu carga de trabajo a fin de que seas una mujer mejor, más feliz y más compatible (esposa, mamá, profesional). Tal vez sea decirles que no al club de los Niños Exploradores este año, o comprar galletitas en lugar de hornearlas para la clase de primer grado. Quizá sea disfrutar de un baño caliente durante una hora completa cuando los niños no están en casa. O salir una tarde para pasar un tiempo tranquilo con tu esposo. Decide lo que quieres hacer para traer equilibrio a tu vida y luego da los pasos para que eso suceda. Tal vez te puedas detener por unos momentos y hacerte estas preguntas:

  ❖ ¿Cuáles son mis prioridades en este momento? (Sé sincera mientras las anotas).

  ❖ ¿Estoy haciendo algo ahora que el Señor quiere que deje de hacerlo? Si es así, ¿cómo puedo hacer un plan para lograrlo? (Pídele a Dios que te dé la estrategia).

  ❖ ¿Cómo puedo encontrar más tiempo para adorar y estudiar la Palabra de Dios?

  ❖ ¿Cuáles son los sueños que Dios me ha dado? (No temas ponerlos en una lista y date tiempo para alcanzarlos. Sé fiel en hacer cosas pequeñas que te ayuden a alcanzar estos sueños).

Disfruta a tus hijos, pues esto pasará

Lograr los sueños que te ha dado Dios es una meta maravillosa, pero algunas veces, cuando los hijos requieren tanto trabajo, solo le tienes que pedir a Dios el poder para enfrentar la presión del momento. Cuando todavía tenía (Quin) tres hijos menores de cuatro años, algunas veces me preguntaba: «¿Voy a ser siempre una mamá de niños llorones con las narices mocosas? ¿Tendré tiempo alguna vez para escribir artículos otra vez? ¿Me sentiré siempre cansada, tensa y a la entera disposición de mis hijos?».

Un día, después de estar casi toda la noche levantada con un bebé que sufría de cólico, me quejaba a Dios por mi aburrida vida. Mientras acunaba al bebé escuché la voz de Dios que me susurraba: *Acepta con agrado y disfruta esta etapa, pues es un regalo mío. Va a pasar con mucha rapidez.* Colocándolo en esa perspectiva, comprendí que Dios confiaba en mí para criar a mis hijos. Era un alto llamado. Podía aplazar mi sueño de tener tiempo para escribir mientras me concentraba en mi papel de madre.

«Señor, ayúdame a poner primero lo primero», oré.

Dejé de quejarme. Le pedí a Dios fuerzas y ayuda para resistir mientras colgaba veintidós pañales en el tendedero una mañana antes que despertaran los niños. No teníamos dinero para comprar una secadora eléctrica, y los pañales desechables no estaban a la venta. Al volver la vista atrás, no cambiaría esos momentos que pasé a solas con el Señor por una secadora de ropa ni por pañales desechables. Mientras la brisa me acariciaba el rostro y observaba el alba a través del cielo, esas oraciones que hacía en el patio de mi casa y un sentido de la presencia de Dios me preparaban para las presiones que enfrentaría más tarde en el día.

Cómo aprender a establecer límites para sí misma

Nan, una madre guiada por el Espíritu que ahora es abuela, mira hacia atrás a los años de la crianza de sus hijos y escribe estos consejos a sus tres hijas que ahora crían a los suyos:

❋ El descanso es un mandamiento.

❋ «No» es una palabra santa.

❋ Pon límites alrededor de ti misma, de tu tiempo y de tu horario. Síguelos.

❋ Ten «zonas seguras», lugares de refugio de las presiones, la gente, el trabajo y las agendas.

❋ Escapa a esos lugares cuando sea necesario. En forma rutinaria. A diario.

❋ Aprende a descansar de forma mental, física y emocional.

❋ Si te das cuenta de que nada jamás será perfecto, la presión desaparece como mamá.

❋ Todos tenemos limitaciones. Aprende a vivir con ellas.

❋ Busca la ayuda de Dios para obedecer su mandamiento de no preocuparte, temer ni llevar cargas.

❋ Pon todas esas preocupaciones en Cristo. Aprende a confiar en el Señor. Él es Dios, nosotros no.

Tammy es una mamá con hijas pequeñas que nos contó sus observaciones:

> Creo que uno de los mayores problemas que he visto en las madres es que las mujeres de hoy están muy comprometidas a hacer demasiadas cosas. En cuanto a mí, soy esposa, madre, ministra de música y soy instructora privada de música. «El tiempo libre» casi no existe en mi vida. Algunas veces las mujeres pueden participar en demasiados estudios bíblicos

o reuniones de oración a expensas de pasar tiempo de calidad con el Señor. El tiempo a solas con Dios tiene vital importancia en cuanto a ser un ejemplo del carácter de Cristo para su familia.

Dios ha estado lidiando conmigo en cuanto a dar un paso atrás y reevaluar mis prioridades y mi horario, incluyendo el tiempo que paso en el teléfono. A decir verdad, mi hija me dice que necesita mi atención si he estado demasiado tiempo en el teléfono. Dios está poniendo un deseo en mí como nunca antes de seguir el ejemplo de la mujer de Proverbios 31, pero sé que no puedo hacer eso con todos los compromisos que tengo en este momento. Aun «el ministerio» tiene que dejarse hasta cierto punto. Mi esposo y mis hijos deberían ser mi responsabilidad número uno de ministerio. Si no me queda tiempo para ellos, todas mis actividades ministeriales son en vano.

Tammy es sabia al hacer una prioridad de sus hijas mientras son todavía pequeñas y dejar que algunas de sus actividades ministeriales esperen hasta que sean mayores. Es una decisión que nunca va a lamentar más adelante en el camino.

Es probable que todas debamos evaluar si nuestras vidas están equilibradas en las esferas de trabajo, descanso, adoración y diversión. A medida que aprendemos a escuchar y obedecer la voz de Dios, Él nos mostrará formas de evitar demasiados compromisos o tratar de hacer cosas en exceso, a fin de que podamos entrar en su reposo.

Oración

Señor, admito que algunas veces me comprometo demasiado. Es difícil decir no cuando me piden que haga algunas cosas, incluso actividades para las que no tengo talento alguno o en aceptar cualquier tarea en mi sobrecargado horario. Por favor, ayúdame en esta esfera a ser sincera y aun valiente para decir no de vez en cuando. Ayúdame a encontrar equilibrio, el ritmo adecuado para mi vida, en lugar de hacer trabajar a mi cuerpo en exceso y que se canse demasiado pronto. Cuando termine mi carrera, quiero escucharte decir: «¡Hiciste bien, sierva buena y fiel» (Mateo 25:21).

*P*asajes bíblicos para la *M*editación

«El SEÑOR es mi pastor, nada me falta; en verdes pastos me hace descansar. Junto a tranquilas aguas me conduce; me infunde nuevas fuerzas» (Salmo 23:1-3).

«El que habita al abrigo del Altísimo se acoge a la sombra del Todopoderoso. Yo le digo al SEÑOR: Tú eres mi refugio, mi fortaleza, el Dios en quien confío» (Salmo 91:1-2).

«El Consolador, el Espíritu Santo, a quien el Padre enviará en mi nombre, les enseñará todas las cosas y les hará recordar todo lo que les he dicho. La paz les dejo; mi paz les doy» (Juan 14:26-27).

«No se inquieten por nada; más bien, en toda ocasión, con oración y ruego, presenten sus peticiones a Dios y denle gracias. Y la paz de Dios, que sobrepasa todo entendimiento, cuidará sus corazones y sus pensamientos en Cristo Jesús» (Filipenses 4:6-7).

«Montando sobre un querubín, surcó los cielos y se remontó sobre las alas del viento [...] mi apoyo fue el SEÑOR. Me sacó a un amplio espacio [...] porque se agradó de mí» (2 Samuel 22:11, 19-20).

9

El poder para sanar

Cómo orar por el bienestar físico y emocional

¿Está alguno enfermo entre vosotros? Llame a los ancianos
de la iglesia, y oren por él, ungiéndole con aceite en el nombre del
Señor. Y la oración de fe salvará al enfermo, y el Señor lo
levantará; y si hubiere cometido pecados, le serán perdonados.

SANTIAGO 5:14-15, RV-60

La duda ve los obstáculos,
La fe el camino ve;
La duda ve la noche oscura;
La fe ve el amanecer;
La duda teme dar un paso,
La fe se remonta a lo alto;
La duda pregunta: «¿Quién cree?».
La fe responde: «Yo»[1].

ANÓNIMO

Todas las madres quieren que su hijo tenga un cuerpo, una mente y un espíritu saludables. Sin embargo, cuando las enfermedades, las dolencias crónicas, los accidentes, los problemas emocionales o los impedimentos físicos le roban la salud y la energía a su hijo, la mamá guiada por el Espíritu se encuentra de rodillas con mucha más frecuencia que antes. Queremos darte ánimo y ejemplos prácticos para que te ayuden a enfrentar estos asuntos y a orar con más eficiencia.

Desde luego, una mamá que responde a la dirección del Espíritu Santo va a colocar un fuerte fundamento de oración por sus hijos *antes* que ocurra una emergencia. Así que, cuando llega una crisis de salud, sabe que la oración es su primer curso de acción.

Entonces, ya sea que la sanidad llegue en forma instantánea, progresiva o a la par del tratamiento médico, siempre podemos reconocer la obra de la mano de Dios restaurando a un cuerpo. Cuando una enfermedad que afectó su vida atacó a Gabby, de seis años de edad, su mamá guiada por el Espíritu vio a Dios obrando en todo momento.

«Él me dijo que me estaba sanando»

Durante semanas, el médico de la familia trató a Gabby por sinusitis y un resfriado. Cinco días después del último examen, Deb llevó a su hija de nuevo al médico. «No me voy a ir de acá hasta que no sepa lo que tiene en realidad mi hija», le dijo con firmeza. La niña volvió a la mesa para auscultarla. Esta vez el médico vio algo increíble: un tumor tan grande que le crecía hacia fuera de la nariz de la niña.

—Es una forma muy agresiva de cáncer llamada rabdomiosarcoma —le dijo el médico a Deb después de realizar algunas pruebas—. Usted la debería llevar enseguida para que se despida de su hermanita.

—¿Me voy a morir, mamá? —preguntó Gabby poniendo su cabeza en el regazo de su madre.

—No, no, no. Estamos orando —le respondió Deb.

De inmediato, Deb y su esposo, Todd, llevaron en automóvil a Gabby a un hospital pediátrico en la ciudad de Phoenix, Arizona, a dos horas de su hogar. El oncólogo a cargo del caso no estaba más optimista. Esa noche, el corazón de Gabby dejó de latir, y la niña dejó de respirar, pero siempre la pudieron resucitar. Un grupo de su iglesia comenzó a orar en su ciudad, y un grupo de unas veinte personas fueron a Phoenix para mantener una vigilia de oración por la niña que estaba tan grave.

Al día siguiente, llevaron a Gabby al salón de operaciones para hacerle una biopsia. Los médicos esperaban encontrar que el tumor se hubiera extendido al sistema nervioso, pero gracias a Dios, descubrieron que ese no era el caso.

«Sin embargo, todavía no pudieron darnos esperanzas», recuerda Deb. «El tumor era muy grande. No la podían operar, pues llenaba toda la cavidad del seno nasal. Aun cuando no había un tratamiento que diera resultado para ese tipo de tumor, al día siguiente los médicos comenzaron a darle radiación, seguida de quimioterapia. Le hicieron una abertura en la garganta para ayudarla a respirar. Por poco la perdemos varias veces, pero el tratamiento médico y la oración obraron juntos para mantenerla viva».

Deb dice que se mantuvo firme en esta promesa: «Pero de una cosa estoy seguro: he de ver la bondad del SEÑOR en esta tierra de los vivientes» (Salmo 27:13).

Un día, cuando la enfermera a cargo del caso de Gabby le dijo a Deb que la niña solo viviría unas horas, la determinada mamá fue al «jardín de la sanidad» en el predio del hospital para orar mientras su suegra se mantenía vigilando junto a la cama.

«Tenía la confianza de que puesto que mi hija conocía al Señor Jesús, la muerte para ella no sería algo final», dijo Deb. «Sin embargo, creía de todo corazón que el plan de Dios para ella era que viviera. Esa tarde grité en voz alta: "El enemigo no la puede tener. Está cubierta con la sangre de Jesús. Si muere, el buen Señor la va a escoltar al cielo"».

A continuación declaró: «Señor, creo que tú me has dado tu promesa de que la vas a sanar. Te voy a alabar por eso antes que suceda».

Deb entró de nuevo al hospital, se durmió cerca de la cama de Gabby y disfrutó de la primera noche de completo descanso que había tenido por varios días. A la mañana siguiente se despertó y encontró a su hija sentada en el borde de la cama, pidiendo que le dieran comida. Desde que había entrado al hospital, el único alimento que había recibido fueron líquidos a través de un tubo y en forma intravenosa.

Más tarde, Gabby le dijo a su madre que esa noche vio a Jesús venir a su cuarto y sentarse en su cama. «Él me dijo que me estaba sanando», dijo.

Siguieron muchos meses más de tratamiento. Debido a que el tumor no se redujo, los médicos decidieron operar. Tuvieron que poner a la niña en estado de coma inducido por medicamentos y sacarle una vena de la pierna para hacer una nueva ruta a fin de que la sangre le llegara al cerebro. Si salía de ese estado de coma, la volverían a operar para extirparle el tumor. Esta parte les dio mucho temor, pues la niña tenía muy pocas probabilidades de sobrevivir y, si sobrevivía, existía la posibilidad de daño cerebral. No obstante, Gabby sorprendió a todo el cuerpo de médicos y enfermeras y salió del estado de coma. Así que la volvieron a operar, esta vez para tratar de extirparle ese tumor que le había invadido la cabeza.

Durante la operación, sus padres oraron pidiendo que los médicos lograran extirparle el tumor y todas sus raíces. Al fin, un médico les trajo las buenas noticias: Habían encontrado el punto de origen del tumor. Pudieron extirpar las raíces. Lo sacaron todo. Fue un tiempo de gran regocijo por la oración contestada.

Con fe en el futuro

Deb dijo que uno de los aspectos más difíciles de la enfermedad de Gabby fue que tuvo que estar lejos de su otra hija de dos años, Grace. Mientras que mamá estaba lejos en el hospital, papá tenía que atender el negocio familiar en el hogar y cuidar a Grace. Algunas veces, entre las visitas al hospital, la niñita mostraba gran resentimiento porque Deb no estaba en casa.

«La norma en nuestro hogar es demostrar el fruto del Espíritu», dijo Deb. «No podíamos permitir que ninguna de nuestras hijas fuera malcriada. Queríamos que tuvieran el carácter de Dios. Así que cuando llegaba a casa, después de tener que enfrentar situaciones de vida o muerte en el hospital y me encontraba con que Grace estaba disgustada conmigo, le decía: "Soy tu mamá y te amo, pero tú no puedes salirte con la tuya con esas rabietas". Cuando Gabby podía hacerlo, le pedía que me ayudara con algunas cosas en la casa, como poner las servilletas en la mesa o vaciar el cubo de la basura. He alentado a mis hijas para que sean muy buenas amigas, y hoy creo que lo son».

Aun cuando Gabby se encontraba peor en cuanto a su enfermedad, Deb recordaba que debía tener fe en Dios sobre el futuro. Todd se apoyaba en un versículo bíblico que Dios le había puesto en el corazón para su hija: «Pero para ustedes que temen mi nombre, se levantará el sol de justicia trayendo en sus rayos salud» (Malaquías 4:2). Creía a pie juntillas que la sanidad iba a venir.

«A su manera, cada uno de nosotros lidiaba con lo que sucedía en nuestra familia», recuerda Deb. «Mi esposo tenía en su corazón la visión del día del casamiento de Gabby. Yo, por otro lado, trataba de consolar a una niñita a la que se le había caído el cabello y que quería una hermosa cabellera. Vimos la fidelidad de Dios a través de cada paso del proceso».

La sanidad de Gabby llevó casi un año, mientras la niña entraba y salía del hospital, y su mamá le enseñaba en casa cuando era posible. Hoy, es una niña normal de diez años, que va a comenzar el sexto grado. Adelantó un grado de primaria debido a que su mamá le enseñó en el hogar. Sin duda, el Señor la sanó, pero lo hizo usando la medicina moderna junto a muchísima oración.

A Dios le interesan los detalles

Deb sabía que tenía que depender de la ayuda del Espíritu Santo para lidiar con esta larga crisis y enfermedad que puso en peligro la vida de Gabby. Sin embargo, no tenemos que enfrentar asuntos de vida o muerte para tener la ayuda del Espíritu Santo. Aun con problemas de salud más leves, los recursos de

Dios están a nuestra disposición. Nada es demasiado insignificante en las vidas de nuestros hijos para que Dios no lo note, como descubrió la mamá de nuestra próxima historia.

Eleanor era una cristiana que sabía que Dios cuidaba a su familia, pero tenía un hijo con una necesidad muy especial. ¿Podía confiar en la intervención de Dios? Después de escucharme hablar (Quin) sobre la oración en una reunión en Alabama, Eleanor comprendió que tenía que hacer tres cosas:

1. darle a Dios tiempo de calidad en oración
2. orar por peticiones específicas
3. permitir que Dios le hablara a través de su Palabra

Salió de esa reunión con un deseo ardiente de orar y un plan definitivo sobre cómo hacerlo.

El problema: Eugene, su hijo adoptado de trece años de edad, no había crecido ni medio centímetro durante un año. Al principio pensó que era de baja estatura debido a su ascendencia asiática, pero entonces su médico le dijo que lo llevara a un especialista para que le recetara hormonas.

El plan: Durante años, la costumbre de Eleanor fue levantarse a las cuatro y media de la madrugada y correr varios kilómetros. Luego regresaba a casa, descansaba un poco y ocupaba unos diez minutos valiosos de oraciones generales para pedir la bendición de Dios antes de enfrentar el día.

«Me di cuenta de que el tiempo que pasaba con el Señor era como "un tiempo de merienda", cuando lo que en realidad necesitaba era "un tiempo de banquete"», me dijo. «Decidí que oraría primero y luego, si me quedaba tiempo, correría».

Durante una de las mañanas en que pasaba este tiempo dedicado por completo al Señor, Él le mostró un versículo que podía orar en forma específica por su hijo. Lo parafraseó de esta forma: «Señor, haz que mi hijo, al igual que Jesús, crezca en sabiduría, estatura y favor con Dios y con los hombres» (véase Lucas 2:52).

No tuvo que llevar a Eugene para que le pusieran las inyecciones de hormonas porque el joven comenzó a crecer. En los primeros tres meses después de que comenzó a orar, ¡creció siete centímetros! En los siguientes tres meses, creció otros siete centímetros. Algunas personas tal vez digan que Eugene pasaba por un período de crecimiento natural, pero Eleanor está convencida de que Dios honró su oración. También vio otras evidencias de la respuesta a su oración. La calificación de la conducta de su hijo en la libreta de notas fue de «menos C» a una «A».

«Mamá, ahora le caigo bien a mi maestra, y ella me cae bien a mí», le comentó cuando su madre le hizo algunas preguntas al respecto.

«Eugene no solo creció en estatura y también en favor con su maestra, sino que mejoró en sabiduría y sus otras notas», me dijo Eleanor cuando la vi meses más tarde. «Algunas veces él se ríe y me dice: "Mamá, no puedo salirme con la mía en nada, porque ahora Dios te muestra cuando hago algo malo". Aun así, mi hijo está muy interesado en saber qué versículo estoy orando por él, y está contento de que ore por él en forma tan específica.

«Todavía dedico un tiempo para correr después de mi tiempo de oración», agregó sonriendo. «Pero encuentro que tengo mucho más vigor después de haber salido de mi tiempo a solas de oración».

La oración a través de problemas de salud

Cuando nuestros hijos están enfermos, recordemos que el mismo Dios que hizo sus cuerpos tiene el poder de sanarlos. Enfatizamos de nuevo que no hay garantía de que cada oración que hagamos pidiendo sanidad va a resultar en un milagro. No obstante, debemos recordar esto: Ponemos nuestra fe en Dios y no en el milagro de la sanidad.

Recuerdo (Quin) hace unos años cuando mi nieta de dos años de edad estaba enferma de gravedad con pulmonía doble. Su mamá y yo estábamos junto a su cama en el hospital, mientras le imponíamos las manos y orábamos por ella pidiéndole a

Dios que le sanara los pulmones y el sistema respiratorio. Más tarde, con la ayuda de medicamentos y la intervención divina de Dios, tuvo las fuerzas suficientes como para regresar al hogar, aunque con aparatos que la ayudaban a respirar con más facilidad. Celebramos esto con una fiesta, ¡con globos y todo!

A veces, durante el invierno, sufre de infección bronquial, pero sus padres de inmediato le dan el tratamiento con la máquina para ayudarla a respirar, y muchas personas la cubren en oración.

La oración de fe

Tal vez nunca hayas orado en fe pidiendo sanidad física. He aquí la sugerencia de una ración que puedes adaptar según sea necesario:

> Señor, sé que para ti nada es imposible. El mismo Jesús sanó muchas enfermedades y dolencias mientras vivió en la tierra. Tu Palabra dice que Jesucristo es el mismo hoy, ayer y para siempre, así que sé que tú puedes sanar hoy. Señor, por favor, toca a _____(nombre)___ con tu poder sanador. Te lo pido en el nombre de Jesús, y te daré toda la gloria. Amén.

(Véanse Lucas 1:37, Mateo 4:23 y Hebreos 13:8).

Cómo enfrentar lo desconocido

Marilyn nos escribió y nos dijo que cuando su hijo mayor tenía diez años, de repente desarrolló una condición física que lo dejó incapacitado para caminar. Nos cuenta la historia con estas palabras:

> Aun después que hospitalizaran a Paul y le hicieran una punción lumbar, los médicos no encontraron nada concreto. Lidiábamos con algunas cosas pequeñas, pero no sumaban para formar ninguna

enfermedad en particular. No era poliomielitis. No era un tumor cerebral.

Sí, oré. ¡Oré con todas mis fuerzas!

Teníamos tres hijos pequeños en el hogar, y trataba con desesperación de conseguir ayuda profesional para cuidarlos. Sin embargo, era el fin de semana del «Día de Acción de Gracias», y no pude conseguir a nadie ni siquiera por algunas horas. Fue uno de los tiempos más difíciles para mí. Una amiga me jugó una mala pasada y les dijo a otras personas que yo podía pagar para que me cuidaran a mis hijos, así que nadie se ofreció para cuidarlos. Fue un tiempo espantoso. Me sentía paralizada.

Teniendo que cuidar a un hijo en el hospital, además de otros tres en casa, y un esposo que no me apoyaba en lo emocional, era casi más de lo que podía soportar.

Paul pasó dos semanas en el hospital. Los médicos le examinaban los músculos y le hacían mover las piernas, lo cual era un procedimiento muy doloroso. Le permitían ver esto en una pantalla de televisión para que pudiera entender lo que le hacían, pero eso no disminuía su agonía. Luego vino el tiempo de recuperación en el hogar. Comenzó con mucha lentitud, pero poco a poco caminar le resultó algo normal. Sufrió durante años, y sus gritos en medio de la noche me despertaban. Iba a su cuarto y le envolvía las piernas en frazadas calientes y le daba masajes. Debido a que no había un diagnóstico claro, no hubo tampoco un tratamiento prescrito por los médicos. Luchábamos con lo desconocido. Hicimos todo lo posible, pero durante años se mantuvo bajo el cuidado de un neurólogo.

Marilyn cuenta las lecciones que aprendió durante su terrible experiencia:

❧ a depender de Dios, aun cuando su esposo u otros amigos le ofrecían poco apoyo

❧ a aprender a decir oraciones llenas de fe basadas en la Biblia

❧ a confiar en Dios por la total sanidad de su hijo, aun cuando los médicos no podían darle ni una explicación ni un tratamiento permanente

Estas son las promesas especiales que fortalecieron a Marilyn durante esos días tan difíciles:

Es necesario que el que se acerca a Dios crea que Él existe, y que es remunerador de los que le buscan (Hebreos 11:6, LBLA).

Escucha mi oración, oh SEÑOR, y presta oído a mi clamor; no guardes silencio ante mis lágrimas (Salmo 39:12, LBLA).

Los que siembran con lágrimas, segarán con gritos de júbilo (Salmo 126:5, LBLA).

En busca de fuerza para dejar ir a un hijo

Es natural que una madre guiada por el Espíritu ore por la sanidad y la completa recuperación de un hijo, y que se aferre a la esperanza de que Dios va a intervenir. Puesto que las Escrituras nos alientan a orar con fe pidiendo sanidad, sentimos que eso es lo que toda mamá guiada por el Espíritu debe hacer, aun cuando busque ayuda médica. Sin embargo, siempre debemos mantener nuestros corazones abiertos al plan supremo de Dios.

Llegar al punto en que podemos dejar a un hijo en las manos de Dios por completo, aun si eso significa la muerte, es una de las decisiones más difíciles que un padre tenga que hacer. Una mamá que pierde a un hijo debido a una enfermedad o un accidente, se debe cuidar de no sentirse enojada con Dios por no haber intervenido.

¿No podría haber detenido a un conductor ebrio para que no chocara con su hijo y lo matara? ¿No es su poder mayor que la enfermedad que consume el cuerpo de un hijo? Desde luego, Dios tiene el poder de preservar la vida. Con nuestras limitaciones humanas, nunca vamos a poder comprender del todo los caminos de Dios. Sus caminos y sus pensamientos son mucho más altos que los nuestros (véase Isaías 55:8-11). Debido a que vivimos en un mundo caído en el que la gente hace malas decisiones que afectan a otras personas, a veces ocurren tragedias en las vidas de nuestros hijos. A pesar de eso, Dios nos puede consolar, aun cuando nuestras oraciones no reciban la respuesta esperada.

Una mamá, todavía enojada con Dios por la muerte inesperada de su hijo en un accidente, fue a la cima de una montaña a orar: «¿Por qué mi hijo?», gritó en voz alta a través de sus lágrimas. «¡Era una persona maravillosa! Prometía mucho».

Mientras se calmaba, sintió la voz de Dios que sonaba como un eco: *¿Por qué mi hijo?* A decir verdad, esas palabras fueron como un martillazo. Dios no intervino para impedir que su propio Hijo muriera en la cruz, una muerte horrible que Jesús soportó para el propio perdón y redención de ella. Mientras lloraba, comenzaron su sanidad y restauración. Sabía que su hijo estaba con el Hijo de Dios en el cielo[2].

Esta mamá, y otras como ella, podrían alentarse leyendo Romanos 14:8: «Si vivimos, para el Señor vivimos; y si morimos, para el Señor morimos. Así pues, sea que vivamos o que muramos, del Señor somos».

Prepáralos para la eternidad

He aquí una pregunta que la mayoría de las madres no quieren enfrentar: ¿Cómo escoges entre ayudar a un hijo a pelear por la vida y dejarlo para que se vaya al cielo? Hace algunos años, le hice (Quin) esa pregunta a Fran, mi compañera de oración que es enfermera, terapeuta física y consejera profesional.

«Habla con tu hijo sobre su ser eterno, que es espíritu, que tiene alma y que vive en un cuerpo», dijo. «El espíritu dentro de él va a vivir por toda la eternidad con el Señor, si lo conoce. Es un error permitir que los hijos crean que esta vida terrenal es todo lo que hay. Debemos enseñarles sobre el cielo, y que vivir en la tierra es solo la menor parte de la vida en preparación para la vida en el cielo. Muchas veces las madres no han guiado a sus hijos pequeños a Jesús, pensando que eran demasiado jóvenes o que habría suficiente tiempo más tarde. Nunca es demasiado temprano, ni demasiado tarde, para que los padres lo hagan».

Enfatizó que las mamás deberían leer en voz alta versículos que les aseguren a sus hijos que no hay ni dolor ni sufrimiento en el lugar al que van a ir, y que van a tener una vida mucho mejor en el cielo que en la tierra.[3]

Aunque, desde luego, cuando se está cara a cara con la realidad de la muerte, solo el Espíritu Santo puede prepararnos en realidad para caminar por ese sufrimiento. Una de mis (Ruthanne) compañeras de oración nos contó su experiencia de encontrar la paz de Dios y su consuelo en medio de un tiempo de muchas pruebas.

¿Cómo es posible que nos deje este hijo que amamos?

Cuando Vicki llevó a su hijo de siete años, Tim, para un examen médico después de la Navidad, nunca pensó que el niño pudiera estar enfermo de gravedad. Entonces, a eso le siguieron dos semanas de visitas a médicos y pruebas, lo que al final resultó en el diagnóstico de una rara forma de cáncer infantil, el linfoma de Berkett. Vicki pasó las siguientes seis semanas en un hospital infantil viendo a su hijito deteriorarse ante sus propios ojos.

«Todas las personas que conocíamos estaban orando y creyendo que con seguridad Dios lo iba a sanar», dijo. «Pero una noche el Señor comenzó a lidiar conmigo en cuanto a mi hijo. ¿Quién era en verdad primero en mi vida? ¿Estaba en realidad dispuesta a dejarlo ir si el Señor me lo pedía? Pensé en cuando Dios le pidió a Abraham que sacrificara a Isaac. Después de muchas luchas con la pregunta, la única respuesta que pude dar fue sí. Al fin y al cabo, Abraham no tuvo que entregar a Isaac en realidad, sino que tuvo que estar dispuesto a hacerlo».

A mediados de febrero, el cáncer de Tim entró en un período de remisión y él pudo volver a la escuela, pero todavía necesitaba exámenes de sangre regulares. Durante las siguientes semanas, Vicki y su esposo, John, llevaron a Tim para que varios ministros oraran por él. No obstante, a finales de abril, justo antes de cumplir los ocho años de edad, volvió el cáncer.

«Los médicos no tenían muchas opciones disponibles, pues ya habían usado su mejor arma, la quimioterapia, en la primera etapa del tratamiento», dijo Vicki. «Estábamos asustados, aunque todavía creíamos; a partir de entonces Tim en verdad estaba más allá de la ayuda de un tratamiento. Su forma de cáncer tenía un crecimiento muy agresivo, y ahora no lo podían proteger los medicamentos. La oración lo mantenía vivo, pero no mejoraba. Todas las noches, John, su hermanita de cinco años, Alissa, y yo orábamos con Tim. Al final, teníamos un "tiempo amoroso" cuando nos abrazábamos los unos a los otros. Esos son recuerdos felices».

Cuando no vieron ninguna mejoría en los dos meses siguientes, Vicki llamó a varias de sus compañeras de oración, esperando recibir aliento y que le dijeran que su hijo iba a sanar. La esposa de su pastor le dijo que mientras oraba por Tim, vio en los ojos de la mente a toda la familia de rodillas delante de una luz brillante y radiante, que sintió que representaba al Señor. Entonces vio a Tim que con lentitud se alejaba de sus padres y hermana e iba a la presencia de Dios.

Cuando escuchó esto, Vicki se sintió devastada. ¿Cómo podía dejarlos este niño al que amaban tanto? Sus amigos cristianos y su familia se unieron para ofrecerles consuelo y apoyo. Una persona del grupo les contó sobre la «oración de entrega» presentada por Catherine Marschall en su libro titulado *Adventures in Prayer*. Esa noche leyeron ese capítulo a medida que se intensificaban el dolor y el sufrimiento de Tim.

«John y yo nos arrodillamos junto a nuestra cama y le entregamos a Tim al Señor», dijo Vicki. «En realidad, fue dejar morir nuestra propia voluntad y someternos a la voluntad de Dios; algo muy difícil de hacer. A la mañana siguiente, la incomodidad de Tim se empezó a disipar, y desde ese día ya no precisó más medicamentos para el dolor. El Señor me habló de que Tim estaría mucho mejor con Él en el cielo de lo que había estado en la tierra. Saber que podríamos perder a Tim me partió el corazón y, sin embargo, sentía la paz de Dios sabiendo que nuestro hijo estaría seguro en los brazos del Padre».

Una amiga había grabado un casete de sus himnos de adoración para Tim, y eso fue lo único que él quería escuchar durante sus últimos días. Permanecía acostado en paz, con los ojos cerrados, escuchando la música, casi como si ya estuviera en el cielo. Al quinto día después que John y Vicki hicieran la oración de entrega, Vicki entró al cuarto de Tim justo a tiempo para verlo respirar su último aliento. Por fin estaba con el Señor.

«Dios se mostró poderoso de muchas maneras», dijo. «Después que supimos que se estaba muriendo, el Señor nos dio tiempo para hacer planes. Tuvimos una pequeña ceremonia al lado de su tumba por la mañana, seguida de un servicio grande en la iglesia esa noche, con un coro completo cantando el coro del "Aleluya".

»Unas semanas más tarde, mientras miraba el libro de historias bíblicas del que le leía a Tim, Dios me consoló a través de algunas de las ilustraciones. Había un dibujo del joven Timoteo de la Biblia, que se parecía mucho a Tim, sentado sobre las rodillas de su abuela y escuchándola leerle las Escrituras. Así era Tim con nosotros. Fue un momento maravilloso.

»A continuación vi una ilustración del niño Samuel. El niño en el dibujo tenía las mismas características físicas de nuestro Tim. En este dibujo, un "Tim" alerta y sonriente estaba en su cama con el oído atento a la voz de Dios. *Así es como él está ahora*, pareció decirme el Señor.

»Nosotros habíamos orado pidiendo un hijo al igual que lo hizo Ana, la madre de Samuel. Cuando Dios contestó la oración de Ana, cumplió su promesa y llevó a su hijo a vivir y servir en la casa del Señor. De pronto me di cuenta que nuestro Tim, al igual que Samuel, ahora vivía y servía a nuestro Señor en su casa. Esto me dio mucho consuelo».

La transición a la vida sin Tim fue dolorosa, pero Vicki tiene dulces recuerdos de este niño especial que fue un regalo de Dios a su familia por solo unos años. Y sabe que van a estar juntos en el cielo algún día.

«Nosotros los padres debemos recordar siempre que nuestros hijos son ante todo del Señor», escribió. «Él los creó, murió por ellos y les ha preparado una vida y un lugar. Nosotros no somos el Salvador de nuestros hijos, solo los que los criamos y los preparamos. Aun si viven una larga vida, están bajo nuestro techo por muy poco tiempo. Deberíamos aprovechar al máximo esos preciosos días».

En busca de Dios en medio del trauma

Algunas veces las mamás se acercan más a Dios cuando uno de sus hijos experimenta una enfermedad o un trauma. Es evidente que Vicki llegó a conocer a Dios de una manera más profunda que nunca antes cuando experimentó la pérdida de su hijo, y puede ofrecer consuelo a otras mamás que sufren la muerte de un hijo. En el caso de Joan, la crisis de su hijo la llevó de ser un miembro de iglesia nominal a llegar a ser en realidad una madre guiada por el Espíritu.

Después de resistir la idea de dejar que su hijo de diez años, Alex, jugara fútbol americano por temor a que se pudiera lastimar, al final le dio permiso para que se anotara en el equipo. Entonces, solo unos momentos después que su hijo y su amigo salieran del patio de su casa para ir a la primera práctica, alguien corrió a decirle que a Alex lo había atropellado un automóvil mientras los niños cruzaban la calle.

«Cuando llegué allí, la escena era espantosa», recuerda Joan. «Alex había volado sobre la parte del motor del vehículo y yacía en la calle, llorando. Estaba cubierto de sangre y el fémur de su pierna le salía a través de la piel. Mientras lo sostenía en mi regazo, comencé a recitar el Salmo 23; era en lo único que podía pensar en hacer. En el hospital, a Alex lo sometieron a una operación que duró tres horas por lo que los médicos llamaron "heridas catastróficas", y le enyesaron todo el cuerpo».

Cuando Joan llegó a su hogar esa noche, se desplomó llorando y se sentía débil e inútil por completo. Mientras estaba con Alex, había mantenido sus sentimientos bajo control, pero ahora, sola y en el hogar, perdió la calma.

«Todavía llorando, tomé mi Biblia y traté de leer algunos salmos», dijo. «Pero me sonaban muy secos y faltos de vida. De pronto me di cuenta de que aunque era una mujer religiosa, no tenía una relación con el Dios que conocía tan bien el salmista David. En ese momento, comencé a buscar para encontrar a Dios de verdad, sabiendo que necesitaba recibir su poder y sabiduría para lo que se nos avecinaba».

Tres semanas después de su operación, Alex regresó a casa a una cama de hospital que pusimos en el comedor durante los largos siete meses de recuperación. A través de un sistema de sonidos que le daba acceso a su clase de la escuela, pudo mantenerse al día con sus estudios. Se «graduó» de un yeso en todo el cuerpo a un yeso en la pierna, y tuvo que pasar por meses de terapia física para aprender a caminar de nuevo. Su madre fue su constante compañera y enfermera.

Una noche de otoño, Joan escuchaba un sermón de una cruzada de Billy Graham en televisión, cuando en silencio le dijo sí al señorío de Cristo en su vida. Poco después, comenzó a leer libros sobre el poder del Espíritu Santo. Ansiaba conocer esa clase de poder, vivir una vida de total fe y dependencia en Dios y creer que Él hace milagros.

Entonces, por curiosidad, aceptó una invitación para asistir a un culto en una iglesia de una denominación diferente a la suya. «Estaba encantada con los cánticos llenos de vida y con la predicación que exaltó a Cristo», dijo. «Cuando el pastor invitó que pasaran adelante los que querían orar para recibir el Espíritu Santo, fui de las primeras en ir. Mientras el pastor oraba, yo estaba sobrecogida por la presencia, la paz y el poder de Dios. Por fin supe el gozo de una relación personal con Él».

Muy poco después, el fin de semana de Resurrección, Joan se encontró llorando sin una razón aparente. «Mientras me preguntaba qué podía significar esto, tuve una imagen mental mía de rodillas al lado de mi hijo después que lo atropellara el automóvil. Parecía que sentía el dolor y el pesar de Dios el Padre por lo que su Hijo sufrió en la cruz por mis pecados. Me detuve y le di gracias al Señor una y otra vez por su muerte en la cruz por mí y por mi familia.

»El Señor fue muy bueno y misericordioso por usar el accidente de mi hijo para acercarme más a Él», dijo. «Alex y yo nunca olvidaremos la fecha exacta del accidente. Alrededor de esa fecha, nos enviamos notas el uno al otro, agradeciéndole a Dios por salvarle la vida».

Ahora mismo, tal vez pienses en un tiempo cuando Dios se movió de forma milagrosa en tu vida o en la vida de uno de tus hijos. Tal vez quieras darle las gracias en forma audible por su protección, por el don de la sanidad o por el milagro que recuerdas.

Oración

Señor, te agradezco por todas las veces que me ayudaste en situaciones difíciles cuando alguien en mi familia necesitaba un toque de sanidad de tu mano. Nunca voy a dar por sentada tu divina protección e intervención. Estoy muy agradecida por poder continuar confiando en ti en cada circunstancia que enfrente en el futuro. Amén.

Pasajes bíblicos para la Meditación

«Sáname, SEÑOR, y seré sanado; sálvame y seré salvado, porque tú eres mi alabanza» (Jeremías 17:14).

«Ahora, Señor [...] concede a tus siervos el proclamar tu palabra sin temor alguno. Por eso, extiende tu mano para sanar y hacer señales y prodigios mediante el nombre de tu santo siervo Jesús» (Hechos 4:29-30).

«Ustedes conocen este mensaje que se difundió en toda Judea, comenzando desde Galilea, después del bautismo que predicó Juan. Me refiero a Jesús de Nazaret: cómo lo ungió Dios con el Espíritu Santo y con poder, y cómo anduvo haciendo el bien y sanando a todos los que estaban oprimidos por el diablo, porque Dios estaba con él» (Hechos 10:37-38).

«Queridos hijos, no amemos de palabra ni de labios para afuera, sino con hechos y de verdad. En esto sabremos que somos de la verdad, y nos sentiremos seguros delante de él: aunque nuestro corazón nos condene, Dios es más grande que nuestro corazón y lo sabe todo» (1 Juan 3:18-20).

«Oro para que te vaya bien en todos tus asuntos y goces de buena salud, así como prosperas espiritualmente» (3 Juan 2).

10

El poder para orientar a tus hijos

Cómo edificar una vida de fe

¡Pero tengan cuidado! Presten atención y no olviden las cosas que
han vistos sus ojos, ni las aparten de su corazón mientras vivan.
Cuéntenselas a sus hijos y a sus nietos.

DEUTERONOMIO 4:9

Los hijos son nuestra inversión en el futuro. A través de toda
la vida, llevarán impreso el sello de nuestra crianza. Como madres,
les enseñamos a nuestros hijos todos los valores que creemos que se
deben pasar a la siguiente generación: amor, fidelidad, confianza,
obediencia, respeto, sinceridad, lealtad [...] Cuando los criamos
bien, les enseñamos a nuestros hijos a que adopten las obligaciones
morales que forjan relaciones sólidas, matrimonios saludables y
familias seguras. ¡Ah, qué regalo tan sagrado es cuando una mujer
recibe el título de Madre! No hay un llamado más alto'.

JANI ORTLUND

Tal vez el papel más importante para la madre cristiana
es el de criar a sus hijos en el temor y el conocimiento de
Dios. ¿Cómo puede cumplir mejor esta responsabilidad?
Es posible que hayas escuchado la expresión: «Prefiero mucho
más ver un sermón que escucharlo». A menudo nuestro «mode-
lado» del comportamiento cristiano ante nuestros hijos es la
manera principal que de forma inconsciente los guiamos y
aconsejamos.

Gloria Gaither escribió una vez:

Algunas veces nosotros los adultos [solo] asociamos el aprendizaje con los libros [...] Sin embargo, cuando se cierran los libros y terminan las lecciones, los niños siguen aprendiendo. No hay ningún botón que apague sus pequeñas mentes [...] Siguen aprendiendo, observándome, viendo cómo enfrento los problemas, percibiendo mis reacciones cuando estoy desprevenida, percibiendo las «vibraciones» en nuestro hogar[2].

Enseñanza mediante el ejemplo

Una historia que contó Elisa Morgan, presidenta de MOPS (por su sigla en inglés: «Mamás de preescolares»), ilustra cómo nuestras reacciones a los problemas de todos los días pueden influir en nuestros hijos.

Un día, su hija Eva perdió su dispositivo de retención de ortodoncia porque lo dejó en su bandeja del almuerzo escolar. Cuando Eva la llamó para decirle: «Mamá, me vas a matar...», y procedió a contarle lo que pasó, Elisa fue a la escuela.

Camino a la escuela una voz pareció advertirle: *Elisa, la forma en que le respondas a tu hija de nueve años que ha perdido el aparato de los dientes, es la forma en que ella dará por sentado en que le vas a responder cuando tenga dieciséis años y ha cometido un error serio.*

Al llegar a la escuela, Elisa ayudó a su hija a buscar el aparato por todos lados, hasta se subió a una silla de patas flojas para mirar dentro de un enorme basurero. Con cuidado revisó entre bolsas de plástico llenas de basura y sándwiches de mantequilla de maní mojados en leche con chocolate. Bastante disgustada por su descuido, Eva lloraba mientras también buscaba entre la basura mojada. Aun así, no pudieron encontrar el aparato.

Elisa recordó la advertencia de un poco antes, que era obvio que provenía de Dios, entendió que tenía que perdonar a Eva.

Va a dar sentado que como le responda hoy lo haré en el futuro,
recordó. *Lo que encuentre en mí es mucho de lo que esperará encontrar en Dios.* Eva le había dicho que lo sentía, y era claro que así era. Tal vez esa fuera la clave. Dejando de buscar, Elisa se bajó de la silla y tomó a Eva en sus brazos, asegurándole que la perdonaba. Llamó a su ortodoncista y le pidió una cita para obtener otro aparato retenedor, y le pidió a su hija que contribuyera con veinticinco dólares de sus ahorros para afrontar el costo.

«Entonces, dejé el asunto», dice, «de la forma en que Dios me libera de los errores que cometo». Recordó 1 Juan 1:9: «Si confesamos nuestros pecados, Dios que es fiel y justo, nos los perdonará y nos limpiará de toda maldad». Debido a que su hija confesó su pecado y sentía en realidad remordimiento, la mamá la perdonó tal como lo haría Dios[3].

¿Quién sabe cuántas veces Eva va a recordar esta experiencia y tomar del mismo poder de Cristo para ayudarla a perdonar a alguien? Su mamá no solo fue un modelo sobre cómo perdonar, sino que también sobre cómo responder al enojo.

¿Recuerdas cómo Eva comenzó su conversación telefónica con su mamá con «Me vas a matar...»? Pues bien, la mamá de Eva no reaccionó a su descuido con condenación ni castigo. Sin embargo, para recalcar la importancia de la responsabilidad, Elisa le pidió a Eva que ayudara a pagar el aparato perdido. Fue una respuesta apropiada. Un día, tal vez se sienten juntas y se rían de esa experiencia de buscar en vano en un maloliente basurero.

Cuando leí (Quin) la historia de Elisa, pensé en las veces que reaccioné mal a algo que hizo uno de mis hijos y que me disgustó mucho. ¡Y me sentí culpable!

Pasa tus ideales

Cada mamá guiada por el Espíritu debe determinar qué ideales siente que Dios quiere que les entregue a sus hijos. He aquí algunos básicos:

❀ Sé ejemplo de una mujer piadosa en cuanto a la forma en que le permites al Espíritu Santo ayudarte a lidiar con las desilusiones y las situaciones difíciles en tu vida. Van a recordar tus acciones con más claridad que tus palabras.

❀ Ayúdalos a entender la importancia de elegir amistades que influirán de manera positiva en sus vidas, no de manera negativa. Ten siempre la disposición de recibir a sus amigos en tu casa.

❀ En forma continua, aliéntalos para que hablen de sus sentimientos (enojo, dolor, desilusión), pero nunca expreses asombro por algo que digan. Ora con ellos para demostrarles cómo pueden hablar con Dios de estas cosas y pedirle que los ayude. Dales pautas para controlar las emociones de una forma sensata y saludable mientras discuten las cosas contigo.

❀ Enséñales a ser amables con personas de otras culturas y trasfondos sociales, y al mismo tiempo adviérteles en cuanto a asociarse con personas cuyos valores morales sean contrarios a los que enseña la Biblia.

❀ Ayúdales a interpretar las noticias de la televisión y del periódico a la luz de la Palabra de Dios. Ten la disposición de hablar con tus hijos desde los dos lados de los asuntos controversiales.

Cómo ayudó a sus hijos a «ver» a Dios

Doris, una mamá soltera con dos hijos en la escuela primaria y dos en el instituto, siempre está buscando formas de inculcar valores espirituales en sus hijos. Tiene un horario flexible en su oficina, pero por ahora las necesidades de sus hijos vienen primero.

«Estoy contenta de haber aprendido a tener tiempos íntimos de oración con Dios antes de llegar a ser una mamá soltera», dijo. «Me veo orando más por la gracia de Dios y para tener sabiduría para muchas de las decisiones concernientes a mis hijos. Quiero que aprendan a depender del Señor, así que como familia nos detenemos a orar más, en especial desde que su papá se fue del hogar. Es muy reconfortante saber que Dios está siempre allí para ayudarme a través de cualquier situación que se presente».

Doris recuerda la vez que su hija de dos años, Anna, entró a la cocina en su pequeña bicicleta y anunció:

—Mamá, quiero ver a Dios.

—Bueno, Anna, tú no puedes ver realmente a Dios como ves ahora a mamá —le dijo Doris arrodillándose al lado de Anna—. Pero sabemos que Él está allí porque...

Esa no fue la respuesta que quería la niña.

—No, mamá. Yo quiero *abrazar* a Dios —insistió.

Doris tomó a la niña en sus brazos, y lloró por un instante.

«La verdad es que yo también quiero abrazar a Dios», dijo ella mirando hacia atrás a esa experiencia. «Unos momentos después, Anna se bajó de mis rodillas, se subió a su bicicleta y salió hacia el pasillo. Con todo, me quedé con un recuerdo eterno, y un deseo de mantener vivo en el corazón de todos mis hijos esa hambre de Dios».

Ahora Doris tiene que hacer de noche lo que solía hacer durante el día: lavar la ropa, limpiar la casa, pagar las cuentas y cocinar comidas para guardar congeladas. No obstante, esas horas tarde en la noche son sus tiempos especiales de oración.

«Orar es una prioridad para mí, y lo ha sido por muchos años», nos dijo. «Además, estar juntos es algo que tratamos de hacer lo más posible estos días. Los lunes por la noche yo dirijo un tiempo devocional para mis cuatro hijos. Cuando necesito trabajar en el jardín, trabajamos juntos. Si necesito limpiar un armario, ellos ayudan. Cada uno tiene sus tareas en la casa, pero hacemos juntos tantas cosas como nos sea posible. La disciplina ha sido un problema. Aun así, cuando los tengo que disciplinar, nos sentamos y hablamos sobre el porqué, de ese modo entienden con mucha claridad que mamá no es "mala"».

Esta es una oración que hace Doris a menudo:

Ven, Espíritu Santo y muéstrame cómo suplir las necesidades de mis hijos hoy. Camina conmigo a través de sus altibajos. Permíteme experimentar la presencia de Dios para que cuando los toque, ellos también sientan su amor y su abrazo. Permite que sea tus manos extendidas hacia ellos. Abre sus ojos espirituales para que te vean a su alrededor: en la gente, en la tierra y en el cielo, en la iglesia, en la escuela, dondequiera que vayan. Acércanos a todos más a ti y los unos a los otros. En el nombre de Jesús, amén.

Cómo alentar a los niños para que adoren

Darlene, quien tiene hijos varones de cinco y ocho años, pone una prioridad alta en procurar que la presencia de Dios esté en su hogar de una forma que sus hijos la puedan sentir en realidad. «Toco música de adoración con regularidad y aliento a mis hijos para que dancen, toquen el tambor o la guitarra, o participen de cualquier forma posible», dijo. «¡Algunas veces danzamos todos juntos!»

Cuando apenas empezaban a caminar, Darlene les enseñó para que observaran a mamá adorar a Jesús cuando escuchaban las canciones más íntimas y de adoración.

«Quizá requiera mucha concentración tratar de entrar en la presencia de Dios con un niño trepándosele encima», dijo ella. «Pero el valor de esos momentos no tiene precio, a medida que nuestros hijos aprenden que no solo Dios viene primero en sus vidas, sino que pueden entrar en su presencia. Permitirles a nuestros hijos entrar a nuestra vida privada con Dios les da una imagen de la intimidad de una relación con Cristo que nunca entenderán en forma completa solo asistiendo a la iglesia. La deben ver en acción».

Darlene tiene tiempos devocionales con sus hijos y les permite que subrayen con un marcador en sus Biblias los versículos que leyeron. A medida que les enseña sobre los versículos escogidos, algunas veces toman notas o hacen dibujos en sus cuadernos acerca de lo que aprendieron. Siempre terminan con oración, y Darlene hace que los niños se impongan las manos el uno en el otro y en ella mientras oran.

«Criar hijos piadosos hoy en día demanda mucho más que uno viva una vida piadosa y esperar que la reciban por ósmosis», dijo. «Una de las ideas más profundas que el Espíritu Santo ha puesto en mi corazón para esos momentos de adoración y oración ha sido usar la Biblia misma y ponerla en palabras que los niñitos logren entenderla. En lugar de usar libros devocionales para niños, usamos la Biblia, pero hago que el lenguaje sea fácil para que lo entiendan, algunas veces con movimientos de las manos y el cuerpo. Cuando aprendimos de memoria los Diez Mandamientos, estas son las palabras que usé:

1. Pongan a Dios primero.
2. No se inclinen a ningún otro dios.
3. No usen el nombre de Dios para cosas malas.
4. Vayan a la iglesia y piensen en Dios los domingos.
5. Obedezcan a su mamá y a su papá.
6. No le hagan daño a nadie.
7. Hay que amar mucho a las mamás y los papás.
8. No tomen cosas que no sean de ustedes.
9. Nunca digan una mentira.
10. Sean felices con lo que tienen ahora.

Darlene siente que es importante buscar indicios de lo que son los dones espirituales de sus hijos y animarlos para que los expresen.

«Estoy convencida de que Dios habla por medio de los niños en forma regular, pero la mayoría de nosotros no prestamos atención», dijo. «Mi hijo mayor siempre ha dado muestras de dones de profecía, y desde que era pequeño aprendí a prestar atención a sus palabras y a no desecharlas. Muchas veces traía el nombre de una persona y pedía que oráramos por ella, y yo más tarde descubría que en verdad había necesitado oración en ese preciso momento. Observa esos indicadores de dones espirituales en tus hijos, y no menosprecies su habilidad de moverse en el Espíritu debido a que son jóvenes. A menudo están en más comunicación con la pura presencia de Dios que nosotros».

Dales un legado de oración

Uno de los legados más poderosos que podemos dejarles a nuestros hijos es una herencia de oración. Si queremos que aprendan a orar, deben escucharnos orar. No hay mayor demostración del poder de Dios a nuestros hijos que cuando nos ven a nosotros, sus padres, recibir respuestas a la oración.

Desde el tiempo en que mi hijo, Bradley, comenzó a hablar, siempre oré (Ruthanne) con él a la hora de acostarse y lo animaba a que orara. Cuando era pequeño, de forma voluntaria a veces oraba por un compañero de clase o por alguien que subían a una ambulancia cuando pasábamos por la escena de un accidente. No obstante, en sus años de la adolescencia pasó por un período en que parecía resentir mi sugerencia de que oráramos por algún problema.

Una tarde, cuando Bradley llegó a casa del instituto me preguntó qué había hecho ese día.

—Algunas de mis compañeras de oración vinieron para almorzar y tuvimos una reunión de oración —le respondí.

—Apuesto a que todas oraron por mí, ¿no es verdad? —me preguntó con sarcasmo.

—Sí, oramos por ti, y oramos por muchas cosas —le dije.

—Bueno, a mí no me gusta la idea de que personas que ni siquiera conozco oren por mí —me dijo y salió como un torbellino de la cocina.

Solo pasé por alto su comentario y seguí preparando la cena mientras pensaba: *Uno de estos días vas a apreciar que la gente ore por ti.*

Durante ese turbulento año, Bradley presentó la solicitud para que lo admitieran en la universidad a la que quería asistir, y nosotros oramos pidiendo que lo aceptaran. Cuando eso no ocurrió, se enojó. «Todas tus oraciones no van a dar resultado, mamá», me dijo. No discutí con él, solo continué orando. Y Dios respondió de otra forma (véase la historia completa en el capítulo 6).

Ahora, muchos años después, llama a casa y pide oración en forma regular, no solo por sus propios problemas, sino también por los de sus amigos. Y a menudo me dice de forma específica que llame a todas mis compañeras de oración para que les diga sus peticiones. Muchas veces me ha pedido que le mande alguno de nuestros libros sobre la oración a algún amigo que pasa por dificultades.

No te dejes disuadir si tu hijo pasa por un período cuando se resiste a tus oraciones. Solo sigue siendo un ejemplo de una persona que ora, y un día vas a cosechar los beneficios.

Hace años, una misionera en el África me enseñó una corta oración (a Quin) que les enseñé a mis hijos y después a mis nietos. Aunque no sé el autor, es una oración muy buena para comenzar el día:

> Buenos días, Dios.
> Este es tu día.
> Yo soy tu hijo.
> Muéstrame tu camino hoy. Amén.

Podemos pasar a nuestros hijos el modelo de nuestra vida personal de oración, sobre la que pueden establecer la suya. En años recientes, he observado que mis hijos adultos casi me dejan atrás en cuanto a la oración. Desde que son padres, han aprendido la importancia de orar con ahínco por los pequeñitos que les confió Dios.

A veces me hace gracia ver a mi nieta de seis años, Victoria, caminado de un lado a otro de mi dormitorio «hablando con Jesús» en voz alta, con las manos en las caderas, como lo hace su mamá. Nunca es demasiado temprano para que los niños aprendan a orar. Es más, cuando nos escuchan orar, parecen querer imitarnos.

Una mamá me dijo una vez que trató de hacer salir a su hija pequeña del dormitorio mientras oraba, pero que el Señor la detuvo. *Ella tiene el mismo Espíritu Santo que tienes tú*, pareció decirle Dios. *Deja que se una a ti en tu reunión de oración mientras tú la ayudas a que desarrolle su vida de oración.* Hoy en día esa hija es una mamá que incluye a sus dos niñas pequeñas en sus tiempos privados de oración.

Esther Ilnisky, quien ha organizado una red internacional de niños que oran, cree que los niños piadosos son la fuente menos usada de oración, tanto en el hogar como en la iglesia alrededor del mundo. Dice: «Si a los niños no se les da un lugar creíble en la vida espiritual de las familias y las iglesias hoy en día, es posible que no estén preparados para ser miembros y líderes fuertes en las familias y las iglesias del futuro»[4].

Enséñales a tus hijos a amar la Palabra de Dios

Además de enseñarles a los niños a orar, las mamás guiadas por el Espíritu también quieren impartirles amor por la Palabra de Dios. Nuestra amiga Rachel Burchfield y su esposo dirigen una escuela bíblica y campamento de verano en Tejas que influye en las vidas de miles de jóvenes todos los años. Como es natural, cree en el establecimiento de hábitos de lectura bíblica en los niños desde que son pequeños.

Cuando uno de sus hijos, a los siete años de edad, comenzó a quejarse en cuanto a leer la Biblia todos los días, Rachel se preocupó pensando que si lo forzaba a hacerlo, el niño le tendría aversión a la Palabra de Dios. No quería ser una madre latosa. Rachel oró por este asunto y se sorprendió con la respuesta del Señor.

¿No le recuerdas (siendo latosa) todas las noches que se lave los dientes ya sea que quiera hacerlo o no? ¿Cuánto más importante es su crecimiento espiritual?

Eso arregló el asunto para Rachel. «Desde esa noche en adelante, primero le ayudé a leer, y si me quedaba un poco de energía, perseguíamos la conquista de que se lavara los dientes», escribió. «Los hábitos formarán o destrozarán a tus hijos [...] La Palabra de Dios en los corazones de los niños es suficiente para salvarlos, y para mantenerlos santos hasta que lleguen al cielo».

Propone estas pautas para ayudar a los niños con la lectura de la Biblia:

1. Que sea corta. Es importante ajustar el tiempo de lectura al nivel de atención del niño; por lo general, es igual en minutos a su edad. A un niño de siete años se le debería desafiar a que leyera siete minutos. Nos sugiere que los niños se enfoquen en leer las palabras de Jesús e historias bíblicas emocionantes.

2. Que se repita. Les hace «tarjetas de ánimo» a sus tres hijos cada semana, las cuales son de colores brillantes con varios versículos escritos en letra de imprenta. Rachel mantiene estas tarjetas en su automóvil, y todos los días, durante el viaje de diez minutos a la escuela, los niños leen en voz alta los versículos de las tarjetas. Cuando llega el viernes, ya han aprendido de memoria la mayor parte de los versículos para esa semana.

3. Que sea personal. Sugiere que se compre una Biblia apropiada para la edad de cada niño, con su nombre grabado en la cubierta y enseñarles a que la traten con respeto. Aliente a cada niño a leer partes de la Biblia de acuerdo a sus intereses. Los varones a menudo disfrutan leyendo

sobre la batalla milagrosa de Josafat (2 Crónicas 20) o del ejército de Gedeón (Jueces 6 y 7). Si tu hijo es músico, aliéntalo para que lea los Salmos y luego le cante sus propias canciones al Señor[5].

Ruth Bell Graham ofrece este desafío a los mentores en potencia:

> Al igual que el surfing, la vida cristiana es simple, pero no fácil. Y no nacemos en la familia de Dios adultos por completo, aunque a veces tratamos a los creyentes bebés como si ya lo fueran.
>
> Los que somos mayores en el andar cristiano y los que, mediante la experiencia, se han ganado la posición de instructores, deberían ser prestos para alentar, prestos para ayudar a los que caen. Los que todavía no hemos perfeccionado el arte de la vida cristiana debemos seguir estudiando con diligencia nuestro Libro de Instrucciones, escuchando con atención cuando habla nuestro Instructor, y con prontitud debemos seguir sus instrucciones[6].

¿Qué es un mentor?

«¿Qué es con exactitud un mentor?», tal vez te estés preguntando. Es una mamá como tú que pasa a un hijo con menor comprensión lo aprendido y sus percepciones. Esta transferencia de sabiduría, basada en la experiencia de una persona, sucede a través del tiempo en encuentros individualizados, antes que mediante métodos más formales, como en un aula de clase. Una buena definición de un mentor es *alguien que alienta y enseña a otro para que alcance la excelencia.*

Una mamá que quiere ser mentora de sus hijos les va a enseñar a tener buenos modales, a ser amables y formas prácticas de enfrentar y resolver los problemas de la vida. De su ejemplo aprenderán que el hogar es un lugar de consuelo, sanidad, amistad, enseñanza, descanso y aliento. Más importante aun, las mamás guiadas por el Espíritu les inculcarán a sus hijos principios piadosos.

«Quiero ser espiritual sin ser religiosa de una forma rigurosa», nos escribió una mamá. «No quiero imponer las reglas de "no harás esto" de una forma tan estricta y severa que mis hijos se aparten de Dios en lugar de acudir a Él. En algunas ocasiones tienen la libertad de venir a mí y presentar su caso. Tal vez les diga: "Vamos a orar los dos y luego nos reuniremos para ver lo que Dios nos dijo en forma individual". Esto nos mantiene con un buen diálogo, pero también les enseña a escuchar de Dios y a confiar de que hago lo que es mejor para ellos porque también escucho a Dios. No obstante, lo importante es recordar que soy la madre, que tengo la responsabilidad de ellos y la decisión final en el asunto».

En el Nuevo Testamento vemos que Loida le inculcó verdades espirituales a su hija Eunice, que tenía un hijo llamado Timoteo. Juntas, la abuela y la madre, influyeron de manera santa en este joven evangelista que sería uno de los sucesores del apóstol Pablo (véase 2 Timoteo 1:5).

Nunca olvides que los niños tienen un lugar muy tierno en el corazón del Señor. Una vez, cuando los discípulos discutían sobre quién sería el mayor, Jesús colocó a un pequeño a su lado y les dijo: «El que recibe en mi nombre a este niño, me recibe a mí; y el que me recibe a mí, recibe al que me envió. El que es más insignificante entre todos ustedes, ese es el más importante» (Lucas 9:48).

Los niños que comprenden con rapidez las verdades espirituales, muchas veces nos sorprenden con su valentía. Cuando mi (Ruthanne) nieta de trece años, Rachel, asistía a un campamento de música un verano, se desanimó porque algunas de las muchachas en su dormitorio decían malas palabras. Al comenzar la semana, la consejera les pidió a las jóvenes que hicieran sugerencias sobre cuáles debían ser las reglas en los dormitorios. Este no era un campamento cristiano, pero Rachel habló y dijo que pensaba que no se debía permitir que las personas dijeran malas palabras. Solo otra muchacha estuvo de acuerdo con ella, pero la consejera dijo que era una buen idea y se convirtió en una regla «no decir malas palabras».

Después de esto, cada vez que una de las muchachas maldecía, Rachel señalaba a la ofensora con el dedo y, en una forma como de broma, le decía: «¡Mala, mala, mala palabra!». Esto no la hizo muy popular con algunas de sus compañeras de dormitorio, pero ella se mantuvo firme. Al final, nos dice, el nivel de palabras profanas disminuyó de forma drástica. Su mamá se sintió muy orgullosa de Rachel cuando regresó y le contó su experiencia a la familia.

A menudo una joven mamá necesita la influencia de una mujer mayor para que le dé las respuestas que necesita a las preguntas confusas que se presentan durante los años de la crianza de los hijos. Si su propia madre vive a cientos de kilómetros de distancia, puede buscar a una mujer piadosa que le gustaría que fuera su modelo y, por lo general, esa persona puede encontrarse en su propia iglesia o barrio. El conocimiento, la sabiduría y la experiencia de la mujer mayor son cosas que puede aprovechar, poner en práctica y por último pasarles a sus propios hijos, como vemos en la experiencia de Pam.

Dios te puede guiar a una mentora

Durante los últimos siete años, Pam, una mamá trabajadora, ha estado pasando por la casa de JoAnne todas las mañanas, camino a su trabajo, para orar con ella durante media hora. Después de escuchar a esta intercesora de experiencia orar en voz alta en una reunión del «Día nacional de oración», Pam supo que quería aprender de esta mujer. Cuando la buscó y le preguntó si se podía reunir con ella para orar en forma regular, JoAnne estuvo de acuerdo.

«He crecido mucho en mi relación con el Señor mientras JoAnne ha sido mi mentora y me ha enseñado», informó Pam. «No sabía mucho de la Biblia al principio, pero se puede aprender las Escrituras escuchando orar a JoAnne. La considero como una mamá y mis tres hijos la ven como una abuela y le piden que ore por ellos. Uno de mis hijos, que era un gran motivo de oración en sus años jóvenes, ahora es misionero en África. El progreso espiritual que mis hijos han tenido se debe en gran medida a mi determinación de levantarme temprano por la mañana e ir a orar con JoAnne, y es un tiempo muy bien utilizado. Oramos por nuestra comunidad, estado, nación y líderes, y también por las escuelas a las que asisten mis hijos».

Tal vez tú no tengas una mentora porque no has considerado todas las posibilidades. Aun así, al igual que Pam, si comienzas a abrir tus ojos y tus oídos, Dios te va a guiar a una persona que te puede enseñar las lecciones espirituales que necesitas aprender.

Pasa la visión de tener una mentora

Le preguntamos a la esposa de un pastor de una gran iglesia metropolitana, que es mentora de muchas mamás jóvenes, cuáles son las cosas más importantes que les enseña a esas mujeres. Nos dijo:

> Les enseño lo que he aprendido de mi propia vida: amar a sus hijos en forma incondicional, aprender el poder de la oración, a buscar una compañera de oración compatible y a dejar de tener falsas expectativas que pueden guiar a grandes desilusiones. Una debe disfrutar el momento presente con nuestro hijo. No lo que podría ser, ni lo que debería ser, sino la joya que ese niño es en este momento. Lloro con las mujeres que pasan por situaciones difíciles porque yo he pasado por las mismas. Sin embargo, puedo decir también que he aprendido a no dejar

que las circunstancias aparten mi corazón de Dios. Algunas veces, cuando creemos que enfrentamos la situación más imposible, más tarde la vemos desde una perspectiva diferente y podemos testificar de la bondad de Dios en esa situación.

Ser mentora de nuestros hijos quiere decir pasarles nuestros valores y creencias que son importantes e inestimables. Les abrimos nuevas puertas. Les expresamos nuestro orgullo y confianza. Invertimos en su futuro. Ellos, a su vez, pueden recibir la dirección del Espíritu Santo a pasar estos tesoros a la siguiente generación.

Sara es una joven adolescente que nos contó su entusiasmo por *The Call*, una actividad espiritual en la que miles de jóvenes se reúnen en muchas ciudades para adorar, ayunar y orar por el destino de su generación. Ella y su hermana menor, junto a sus padres, han participado en cinco de estas actividades.

«La última que asistí se trataba de la reconciliación generacional, y fue algo que cambió mi vida», dijo Sara. «Era maravilloso ver a jóvenes de mi edad volverse a sus padres, y ver a los padres volver sus corazones a sus hijos. En realidad, necesitamos la dirección de los padres en nuestras vidas. Si adoptamos de todo corazón la idea de la reconciliación entre la generación mayor y la más joven, creo que veremos moverse a Dios como nunca antes».

Uno de los versículos que se destacó en la última reunión a la que asistió Sara fue Malaquías 4:6: «Él hará que los padres se reconcilien con sus hijos y los hijos con sus padres, y así no vendré a herir la tierra con destrucción total».

Esta declaración, que es el último versículo del Antiguo Testamento, es como un puente que nos lleva al futuro con la esperanza de sanidad entre las generaciones. Como mamás guiadas por el Espíritu, tenemos una gloriosa oportunidad de instruir a nuestros hijos en los caminos del Espíritu Santo, y de inspirarlos a seguir su dirección con todo lo que tienen.

¡Qué herencia tenemos para pasar a la próxima generación!

Oración

Dios Todopoderoso, ayúdame a ser mentora de mis hijos siguiendo tus caminos para que puedan cumplir tus propósitos para ellos aquí en la tierra. Muéstrame formas de enseñarles las verdades prácticas y las verdades espirituales. Dame ideas creativas, paciencia y gran sabiduría para cumplir mi papel de madre. Señor, cuando necesite ayuda práctica con la crianza de mis hijos, guíame a una mujer mayor en la que pueda confiar para que me aconseje y sea mi mentora. Gracias, precioso Señor. Amén.

Pasajes bíblicos para la meditación

«Grábate en el corazón estas palabras que hoy te mando. Incúlcaselas continuamente a tus hijos. Háblales de ellas cuando estés en tu casa y cuando vayas por el camino, cuando te acuestes y cuando te levantes» (Deuteronomio 6:6-7).

«Reconoce, por tanto, que el SEÑOR tu Dios es el Dios verdadero, el Dios fiel, que cumple su pacto generación tras generación, y muestra su fiel amor a quienes lo aman y obedecen sus mandamientos» (Deuteronomio 7:9).

«Hablaremos a la generación venidera del poder del SEÑOR, de sus proezas, y de las maravillas que ha realizado» (Salmo 78:4).

«Cuando habla, lo hace con sabiduría; cuando instruye, lo hace con amor» (Proverbios 31:26).

«Por tanto, vayan y hagan discípulos [...] enseñándoles a obedecer todo lo que les he mandado a ustedes. Y les aseguro que estaré con ustedes siempre, hasta el fin del mundo» (Mateo 28:19-20).

«Lo que deseo es que los cristianos [...] estén llenos del amor que procede de un corazón limpio, una conciencia recta y una fe sincera» (1 Timoteo 1:5, LBD).

11
El poder para disfrutar de la vida familiar

Cómo adoptar el gozo del Señor

*Que el SEÑOR multiplique la descendencia
de ustedes y de sus hijos. Que reciban bendiciones del SEÑOR,
creador del cielo y de la tierra.*

SALMO 115:14-15

*La familia es el lugar en el que desde temprana edad
se debería aprender el significado profundo de que las personas
tienen valor, son importantes, dignas y con un propósito en la vida.
La familia es donde los niños deberían aprender que los seres
humanos se crearon a la imagen de Dios y que,
por lo tanto, son muy especiales en el universo[1].*

EDITH SCHAEFFER

El mundo de Dios está lleno de cosas buenas para que las disfruten una mamá y sus hijos. Cuando los hijos crecen, dejan el nido, y luego tienen sus propias familias, la mamá y los recuerdos del hogar a menudo forman el eslabón que ayuda a mantenerlos conectados a todos.

Esperamos ayudarte a que encuentres gozo en tu familia y el deleite de compartirlo con tus hijos durante todas las fases de sus vidas. Tal vez algunas de las ideas y las historias presentadas aquí te inspiren a crear las tuyas propias.

Hace algunos años, recibí (Quin) una carta de mi amiga Pat King, la madre de diez hijos. Me escribió sobre su experiencia cuando fue a visitar de sorpresa a otra mamá:

> Una mañana pasé por la casa de mi amiga Julie, que tiene cuatro niños menores de cinco años. Recordando mis propios días con niños pequeños, me

compenetré mucho con su situación. Mientras entraba por la puerta de atrás y escuchaba las risas de los niños que venían de sus cuartos, miré por la puerta. Allí estaba Julie y sus tres hijos mayores, sentados en un círculo en el suelo, con un paño de cocina en el centro que servía de mantel. El bebé miraba desde la cuna mientras Julie llenaba de agua las tacitas de té y les daba pasas y galletitas. «Bien, señora Jones», le preguntó a su hija de tres años, ¿quiere leche o azúcar en el té?»

Julie me sonrió cuando me vio en la puerta, pero continuó con su fiesta como si estuviera atendiendo a la gente más importante del mundo. Observé por unos momentos, y luego me alejé sin hacer ruido y me fui a mi casa[2].

He aquí una mamá que sabía que pasar tiempo divirtiéndose con sus hijos era una prioridad mayor que conversar con una amiga adulta, algo que podría hacer más tarde. Años después de recibir esta nota de Pat, una de mis hijas me dio una placa con la siguiente inscripción. La colgué en mi dormitorio como recordatorio constante de dónde colocar mis prioridades:

Dentro de cien años
no va a importar
cuánto dinero tenías en el banco,
la clase de casa en que vivías,
ni el tipo de automóvil que tenías.
Pero el mundo puede ser
un lugar mejor
porque fuiste importante
en la vida de un niño.

ANÓNIMO

Importante en la vida de un niño... sí, eso es lo que quiero ser.

Cómo encontrar formas de divertirse

Para ayudar a los niños a desarrollar autoestima, las mamás a menudo deben experimentar para descubrir las actividades que más les interesan y luego alentarlos para desarrollar un posible talento. Por ejemplo, una mamá cuya hija tenía una inclinación artística notable, le proporcionó lecciones de arte cuando la niña cumplió ocho años. Toda la familia comenzó a visitar museos de arte y se involucraron en su interés. Realizaron viajes cortos a lugares con paisajes hermosos para que la artista en ciernes pudiera hacer esbozos o pintar mientras los demás de la familia hacían esquí acuático o solo disfrutaban estar al aire libre.

Otras posibles opciones para actividades familiares son caminatas para disfrutar de la naturaleza, ir a la biblioteca, coleccionar piedras, nadar, ir a acampar, ir de excursión, montar en bicicleta, patinar, jugar al tenis u otros deportes, juegos de mesa, hacer manualidades y, por supuesto, leer juntos.

Cuando mi familia (de Ruthanne) vivió en las afueras de Bruselas, Bélgica, por casi cuatro años, disfrutábamos mucho de excursiones a la costa para andar en los botes de pedal, hacer viajes al histórico campo donde se libró la batalla de Waterloo (que quedaba a unos kilómetros de nuestra casa), visitar a museos, castillos y antiguas iglesias y visitas a mercados de cosas usadas mientras comíamos tortitas calientes que les comprábamos a los vendedores ambulantes.

Hace poco encontré un bello plato de bronce y cristal para poner caramelos que había comprado hacía más de treinta años en una de esas excursiones a mercados de cosas usadas. Lo lustré y lo llené de los caramelos favoritos de Bradley, y se lo mandé para su cumpleaños. Él me llamó para darme las gracias y me dijo que le trajo recuerdos de cuando ese plato estaba en la mesa de la sala en nuestra vieja casa en Bélgica. Recordaba cuando buscaba dentro la sorpresa que le dejaba cuando alguna tarde se tenía que quedar con una niñera, y recordó el día cuando encontró un huevo de pascua en el fondo del plato. Por supuesto que ese regalo tuvo más significado para él que si le hubiera regalado una camisa o suéter caro.

Debido a que enseñábamos en un instituto bíblico y vivíamos con un presupuesto misionero, teníamos que buscar maneras económicas de disfrutar de nuestro tiempo libre. A menudo íbamos en nuestro automóvil al sur de Holanda, a un enorme mercado al aire libre, donde encontrábamos cosas para la casa y ropa para los niños a un precio mucho más conveniente que en Bélgica. Preparábamos un almuerzo para hacer un picnic y disfrutábamos de una salida algún sábado.

No recuerdo haber orado en forma específica pidiendo dirección sobre cómo nos podíamos divertir en familia. Sin embargo, creo que el Espíritu Santo nos dio a John y a mí algunas ideas creativas para actividades que nuestros hijos disfrutaban de verdad y que todavía recuerdan.

Exploren y aprendan juntos

Nuestra familia (de Quin) hacía planes para ir a acampar como una forma de pasar juntos un tiempo sin interrupciones. Además, usábamos esos viajes para enseñarles a nuestros hijos lecciones de historia. Para cuando nuestro hijo menor estaba en primer grado, habíamos explorado más de treinta y cinco estados, durmiendo en tiendas de campaña que colocábamos detrás de nuestra camioneta. Con libros de historia en mano, les mostramos a nuestros hijos Plymouth Rock, Jamestown, Washington D.C., reservaciones de los aborígenes de los Estados Unidos, cavernas, los valles de Wisconsin, las tumbas de algunos presidentes, la casa donde vivió Mark Twain, las montañas y los desiertos a través del oeste del país, y muchos otros lugares históricos. Visitamos tres zonas donde tienen sedes de programas espaciales, y pasamos una semana en Cayo Hueso dejando que nuestros hijos pescaran y exploraran el lugar.

También disfrutamos yendo a acampar con nuestros amigos. Algunos fines de semana no era raro que hasta cuarenta personas de nuestra iglesia fuéramos a acampar juntos y disfrutáramos de un culto de adoración al aire libre el domingo por la mañana. A los niños que iban con sus padres les encantaba construir fuertes, andar en canoa y pescar, y hacer visitas nocturnas con un guía a través de los parques naturales del estado de la Florida. Como es natural, las actividades familiares están relacionadas a la localidad geográfica en que uno vive, y también que van a cambiar a medida que crecen los hijos. Lo que hicieron juntos cuando los niños eran pequeños no siempre va a dar resultado cuando son adolescentes. Cuando nuestros tres hijos llegaron a la adolescencia y ya no les interesaba ir a acampar, vendimos nuestra caravana. Sin embargo, siempre hemos tratado de mantener a la familia involucrada en algún tipo de recreación que pudiéramos hacer todos juntos.

Separar tiempo para actividades divertidas puede ser muy difícil para las mamás que trabajan fuera del hogar. Encontrar un equilibrio saludable es a menudo una lucha constante. Entiendo (Quin) esta tensión porque escribía para un periódico diario cuando mis hijos eran pequeños. Mi jefe me permitía tener un horario flexible a fin de estar en casa cuando los niños llegaban de la escuela y durante los días feriados y los veranos. Era difícil mantener la casa limpia, la ropa lavada, ayudar con las tareas escolares y encontrar tiempo para actividades divertidas con los niños después que llegaba a casa del trabajo. Con todo, hacer que mis hijos fueran una prioridad valió la pena el esfuerzo.

Hoy tengo una hija y una nuera cuyos negocios «en casa» les permiten estar allí cuando sus hijos llegan de la escuela. Sin embargo, otra hija debe trabajar ocho horas cada día, y poner a su hijo en una guardería antes y después que sale de la escuela. Para compensar, a menudo mi esposo y yo lo llevamos de picnic, a patinar o a parques cercanos para jugar a la pelota.

Algunas veces los seis primos, cuyas edades fluctúan entre los dos y seis años, se reúnen en nuestra casa para jugar a la pelota o deslizarse en la colina cuando la nieve es profunda. Aun así, su actividad anual es «La fiesta de Navidad de los primos», ocasión en que se visten como para una fiesta, intercambian regalos, disfrutan comiendo y participan en juegos que se les planeó de forma especial. Para esta celebración rotamos las casas.

Cómo superar un presupuesto limitado

«Todas las noches nuestra familia, que somos cuatro, come junta en el comedor donde no hay un televisor y tenemos un tiempo de mucha risa y de disfrutar los unos con los otros», dice DeeAnn, cuyos hijos tienen diez y doce años. «Después de un tiempo familiar sin tensiones, mis hijos están mucho más dispuestos a hablar sobre las cosas y también sobre lo que les preocupa».

Cuando los niños eran pequeños, DeeAnn colocaba un frasco en el medio de la mesa con preguntas sobre la historia de la familia y hechos divertidos que había escrito en pedazos de papel. Después que terminaban de comer, los niños se turnaban para sacar una pregunta y leerla en voz alta.

«Esta era una buena manera para enseñarles sobre su legado familiar y para estimular una buena conversación acerca de temas que queríamos que trataran», explica. «Algunas veces tenían que consultar un diccionario, enciclopedia o una Biblia para encontrar la respuesta a una pregunta sobre un hecho».

A menudo, los domingos por la tarde participan en juegos de mesas por períodos de hasta tres horas. En el verano, montan en bicicleta, escalan montañas o van a acampar. Durante los viajes en automóvil, disfrutan jugando a juegos de adivinanzas; y luego se detienen en algún parque al borde del camino para jugar con un *frisbee*. Dado que a toda la familia le gusta la música, tienen tiempos de cantos, en los que el padre toca la guitarra y el hijo de doce años, Jules, toca el tambor. Los viernes por la noche son para ver películas, ya sea en la casa o en un cine. Las visitas a los abuelos, que viven cerca, también les proveen a los niños tiempos de relacionarse con otra generación. Se turnan para pasar una noche en la casa de la abuela y el abuelo.

«Vemos buen fruto en nuestros hijos debido a las horas que invertimos en el tiempo familiar», dice DeeAnn. «Nuestros hijos están bien cimentados en Dios. Algunas veces es algo natural preguntarles: "¿En qué forma se te mostró Jesús hoy?"».

La lectura es una forma valiosa y económica para conectarse con los hijos. Jayleen, que es madre de tres niñas y dos niños, en las edades de tres a los once años, siente que leerles a sus hijos es una gran prioridad. Antes de irse a acostar, se reúnen en la sala para que les lea de una serie de libros las aventuras de una familia que se mudó al estado de Colorado a principios del siglo veinte. Nunca se cansan de oír las mismas historias una y otra vez.

Los cuatro hijos mayores reciben lecciones de violín. Cuando supieron que a su maestra de música le pagaban por tocar en la orquesta de la ciudad mientras hacía algo que en realidad le gusta mucho, estuvieron mucho más motivados a practicar. Entonces, cuando un domingo una joven tocó un solo de violín en la iglesia, los niños le dijeron a su madre que querían poder adorar a Dios de esa manera con sus instrumentos. Jayleen muestra mucho interés en la música de ellos y los alienta mientras los lleva en automóvil a sus lecciones.

Otro desafío que tuvo que enfrentar el año pasado fue ver lugares del país con un presupuesto limitado. Jayleen y su hermana montaron a todos sus hijos, ocho niños en total, y sus pertenencias en la furgoneta y comenzaron un viaje de tres semanas, por más de 8.000 kilómetros, para ver los lugares históricos en los estados del este del país. Cuando llegaron a Nueva York, su esposo se reunió con ellos, y se unieron a miles de creyentes en *The Call*, una concentración de jóvenes y sus padres que se reunieron para orar por nuestra nación.

«Después que los niños habían estado encerrados en el automóvil todo el día, necesitaban ejercicio y juegos, así que nos deteníamos en un lugar en el que se puede acampar y armábamos nuestras tiendas. Allí podían correr, nadar y jugar al tenis de mesa, o participar en otras actividades recreativas disponibles en el lugar. Algunas veces nos quedamos con amigos, dejando que los niños durmieran en sacos de dormir en el suelo. Teníamos un presupuesto muy limitado para un viaje así, pero lo logramos hacer».

Otro tiempo de diversión para los niños es pasar una noche en la casa de la abuela Oma. Solo recibe un niño cada vez, para hacerlo sentir especial. Usando un frasco lleno de centavos, la abuela tiene un método especial para enseñarles matemática a los niños junto con los principios del diezmo. Llegan al hogar con centavos para ellos y centavos para la iglesia. Jayleen siente que esta ayuda práctica de su madre es muy importante para sus hijos, porque no siempre han vivido cerca de ella, y la abuela hace poco que perdió a su esposo. «Nosotros la necesitamos a ella, y ella nos necesita a nosotros», dice Jayleen.

Diversión, fiestas y festivales

Los cumpleaños, los aniversarios, las entregas de premios y hasta las razones pequeñas les proveen a las familias oportunidades para celebrar y alentarse entre sí. Algunas familias parecen adoptar en forma natural días importantes para celebrar, mientras que otras pocas veces conmemoran hechos especiales. ¡Qué lástima! Una vez nosotros (la familia Sherrer) tuvimos un estudiante viviendo en nuestra casa que nunca había tenido una fiesta de cumpleaños. Nosotros le hicimos una fiesta grandísima de cumpleaños. Años más tarde, todavía nos escribía dándonos las gracias.

¿Has considerado comenzar una nueva tradición con tus hijos? ¿Buscar una manera de observar algo que nunca antes hiciste? Cualquier cosa que les interese a tus hijos puede ser una causa de celebración: el primer diente que se les cae, la primera nevada, el último día de clases, aprender a montar en bicicleta, ganar un premio, el primer día que entran a su adolescencia o cualquier cosa que le parezca apropiada.

Una mamá, el mismo día cada año, lleva a sus hijos a un museo de niños en una ciudad cercana para ver las exposiciones de rocas y del espacio. Otra familia visita el parque Estes en las montañas de Colorado todas las semanas de la fiesta de independencia, el 4 de julio; otra familia explora cavernas, y otra sale a acampar en la misma fecha cada año. Una familia se queda en casa el día de la fiesta de *Halloween*, y tiene su propia fiesta de alabanza a Dios, en el piso inferior de su casa, vistiéndose con disfraces de personajes bíblicos y jugando juegos.

Todos los años y en la misma semana del mes de julio, los cinco hijos adultos de Lib y todos sus nietos viajan desde varios estados a fin de reunirse en un balneario en la costa de Carolina del Norte. En esa ocasión celebran todos los cumpleaños que ocurrieron en la primera mitad del año. Los otros cumpleaños de la familia se celebran cuando se reúnen en su ciudad natal en Kentucky para Año Nuevo.

Las tradiciones ayudan a preservar los recuerdos. Estas son cosas que hacemos con regularidad todos los años, cosas que les enseñamos a nuestros hijos y se las pasamos como un legado. Contarles historias de nuestra niñez, o relatarles leyendas de las vidas de nuestros padres o abuelos, también puede ser entretenido. Sin embargo, lo más importante que podemos pasarles a nuestros hijos son nuestros valores cristianos, nuestras raíces y nuestro legado espiritual.

Cómo forjar recuerdos felices

Una mamá escribió que cuando su hija, Nicole, era adolescente, la joven había desarrollado un interés real en el béisbol profesional, sobre todo con el equipo los Bravos de Atlanta. «Nadie en nuestra familia había estado interesado en los deportes, pero la familia decidió, incluyendo a los niños pequeños, que todos juntos veríamos los partidos de ese equipo en televisión», dijo. «Escuchábamos mientras Nicole nos recitaba estadísticas sin fin en cuanto a sus jugadores favoritos, y la llevamos al centro comercial para conseguir autógrafos. Fue muy emocionante para todos nosotros ir desde nuestro hogar en la Florida a nuestro primer partido de los Bravos en el estadio de Atlanta. Tenemos recuerdos muy buenos que van a durar toda la vida».

Aunque tal vez no tengas aún adolescentes en tu hogar, cuando los tenga, quizá entiendas que debes hacer ajustes en tu horario habitual para disfrutar algún tiempo en familia. Christina y su esposo tienen un hijo de siete años y dos adolescentes.

«Tom y Heidi, nuestros adolescentes que van al instituto, a veces vienen a nuestro dormitorio y saltan a nuestra cama a las diez de la noche», escribió. «Aunque tal vez estemos cansados, no los echamos. Tenemos algunos recuerdos muy hermosos de esas horas tarde con ellos. Durante las noches de fin de semana, Eric se une a nosotros, y los cinco pasamos momentos muy agradables conversando en nuestra cama. Tal vez mi esposo y yo hemos estado levantados desde la cinco de la mañana, pero le pedimos a Dios que nos reponga las fuerzas y Él siempre lo hace».

Durante años, Marilyn y su familia han disfrutado de excursiones en el atardecer a la playa llamada *Jones*, en las afueras de la ciudad de Nueva York. Es una italiana que le encanta cocinar y siempre prepara enormes sándwiches con berenjenas a la parmesana. Su esposo y sus cuatro hijos nunca quieren que les cambie el menú. Salen de su casa a eso de las tres de la tarde un día de fin de semana, y para cuando llegan a la playa, el tiempo ha refrescado y ya no hay tanta gente.

En invierno, después del culto de la iglesia los domingos, toman sus patines de hielo y se van a un laguito en un parque de Nueva York. Durante años, este ha sido un ritual familiar. «Los muchachos todavía hablan de lo mucho que se divertían en esos tiempos, ya sea patinando en el hielo o yendo a la playa», dijo Marilyn. «En realidad, no sabía que les forjábamos recuerdos tan maravillosos. Solo tratábamos de hacer cosas juntos como familia».

Cómo mantenerse en comunicación con los abuelos

Hacer un álbum de fotos de la familia y mantenerse en contacto íntimo con los abuelos son cosas agradables para que los hijos aprendan su historia familiar. Si no tienes abuelos cerca, podrías «adoptar» uno que asista a tu iglesia o que viva en tu vecindario.

Si tanto tus padres como tus suegros tienen acceso a la Internet, es bueno alentar a tus hijos a que se comuniquen con sus abuelos mediante correos electrónicos. Mis cuatro nietos (de Ruthanne) viven a miles de kilómetros de distancia, uno está realizando estudios postuniversitarios y los tres menores reciben educación escolar en el hogar, pero se mantienen en comunicación con mi esposo y conmigo a través de correos electrónicos mucho más de lo que lo hacían antes por carta.

Roberta, la madre de cuatro hijos varones pequeños, estaba encantada cuando sus abuelos se mudaron a su ciudad para estar cerca de sus padres. «Con sus abuelos y sus bisabuelos cerca quiere decir que mis hijos tienen seis adultos diciéndoles cuán asombrosamente fabulosos son ellos», dice Roberta. «Y brindan una guía amorosa cuando los niños *no son* tan fabulosos. Los cuatro abuelos conocen de primera mano las necesidades de oración de mis hijos, pero también saben dónde están los pañales y las toallitas en mi casa.

»Mis hijos nunca tendrán que preguntarse cómo son abuelo y abuela, ni Nana y Papa», dice. «Para ellos, abuela es una persona real que los besan y abrazan tiernamente y los impresionan haciendo como el Pato Donald. A veces, estoy muy cansada para reírme de sus chistes, pero no pasa así con abuela. Mis hijos han aprendido a cantar algunas canciones a la vez que bailan alrededor de su bisabuelo (Papa) mientras él toca la guitarra, igual que una vez lo hice yo, y mi mamá antes que yo. Qué legado tenemos»[3].

La mamá de Roberta, Mitzi, va todos los viernes a la escuela primaria a la que asiste su hijo mayor, para almorzar con él en la cafetería, y luego se queda después del almuerzo para contarles una historia a la clase.

Muchas escuelas ahora invitan a los «abuelos» a participar en actividades de las clases. Hace poco recibí (Quin) una invitación de ese tipo, ya que ahora tengo cinco nietos en escuelas cerca de mi casa. Cuando los hijos de nuestro pastor asistían a la escuela primaria, mi esposo y yo asistíamos al Día del Abuelo como sustitutos de sus propios abuelos que vivían en otro estado. Debido a que oramos por la familia de nuestro pastor todos los días, esto nos dio una comprensión mayor para orar en forma más eficiente por sus hijos.

Mi (Quin) hermana Ann le lee una historia corta cuando le hace una llamada de larga distancia a su nieta de ocho años, casi todos los días de la semana. Algunos abuelos graban una historia en un casete y les envían a sus nietos el libro y la grabación.

Grabar una historia es una idea que también pueden usar las mamás muy ocupadas. La primera vez que le leas una historia a tu hijo, coloca la grabadora, y si la próxima vez no tienes tiempo para leer, ponle el casete. No es tan personal, pero va a dar resultado. Las estadísticas muestran que leerles a los hijos puede ayudar a preparar su cerebro para dominar las habilidades del lenguaje.

«Hay una clara indicación de la diferencia neurológica entre niños a los que se les lee en forma regular y los que no se les lee», dice un experto en la salud de niños[4]. También sugiere que los padres y las personas que cuidan a los niños tengan interacción verbal con los niños cada vez que sea posible.

Muy a menudo les leo (Quin) a mis nietos todo lo más posible. Algunas veces les escribo historias graciosas de sus padres, pero también les cuento algunas de sus cualidades destacadas. Les respondo a preguntas de este tipo: ¿Cómo era papá cuando era niño? ¿Cuál era la comida, la música o la asignatura preferida de mamá cuando iba a la escuela?

La Navidad pasada les regalé a mis seis nietos «cajas de tesoros» hechas de terciopelo que contenían libros apropiados para sus edades, oraciones que les escribí para ahora y para el futuro y una carta personal repasando lo acontecido el año anterior y mi

orgullo por sus logros. Con cada nota puse una pequeña cantidad de dinero para que la pusiera en su «jarra de viaje». Nuestra
meta es ver a cada uno de ellos hacer un viaje a Israel algún día.
Mi nuera, Dana, a menudo les lee en voz alta de algunos de
los libros que les he regalado a sus tres hijos. También se levanta
a las seis y media de la mañana para tener un tiempo devocional
corto con su hija de ocho años, Kara, antes de despertar a las dos
hijas menores. Estos momentos «entre mamá e hija» se han convertido en tiempos que las acercan mucho.

Dos personalidades diferentes por completo

A menudo una mamá tiene que considerar las personalidades únicas de sus hijos mientras ora por formas para relacionarse
mejor con cada uno de ellos. JoEllen tiene una hija que es calla-
da y muy tímida, mientras que la que todavía no tiene edad
escolar es sociable y extravertida.

A Karen, que tiene ocho años de edad, le gustan los deportes
que no requieren mucha interacción, tales como montar a caba-
llo y nadar. También es muy estudiosa y le encanta leer cada vez
que tiene la oportunidad. Por otro lado, Leslie, de tres años, es
vivaz, jovial, nunca encuentra extraños y tiene muy poco sentido del temor. Por lo tanto, su mamá le tiene que recordar a cada
momento que no puede confiar en toda la gente que se detiene
para hablar con ella.

«Por supuesto que es más fácil lidiar con un niño que tiene una
personalidad vivaz y es jovial», dice JoEllen. «Pero me esfuerzo
todos los días por tener tiempo a solas con Karen para que se
sienta afirmada. Le cuento historias maravillosas de cuando era
bebé mientras miramos álbumes de fotos y reímos juntas, y
todos los días trato de encontrar algo por lo que la puedo alabar.
También busco la forma de hacer que sea un poco más extravertida y que se sienta más cómoda entre la gente».

En la noche, JoEllen o su esposo les leen historias bíblicas a
las niñas y las animan a que oren. «Nuestras oraciones a la hora

de la comida parecen ser muy largas cuando les pedimos a las niñas que oren, pero no nos incomoda», dice. «Algo en lo que insistimos es en que los días feriados sean especiales, y celebramos el verdadero significado de la Semana Santa y la Navidad, y buscamos maneras de hacer que los cumpleaños de las niñas sean memorables».

Es imprescindible que los niños escuchen las palabras de sus padres que les expresan amor, afirmación, afecto y aprecio para ayudarles a contrarrestar las muchas influencias negativas que enfrentan cada día. Las formas en que puedes ayudar a que tus hijos expresen lo mejor de sí mismos y a que se diviertan juntos son casi ilimitadas. He aquí algunas ideas que tal vez quieras considerar:

❖ Ahorra en fiestas y busca otras formas de honrar a tu hijo. Una madre que se cansó de tener una docena de niños para la fiesta de cumpleaños de su hijo, le dio una elección entre dos parques de diversiones para ir con la familia y también podía invitar a un solo amigo para que los acompañara. La comida, la tarta de cumpleaños y los regalos se disfrutaron en la zona de picnic después que acariciaron las llamas, pasearon en un burrito y montaron en una rueda giratoria gigante. «Fue mi mejor cumpleaños», le dijo el niño a su madre esa noche.

❖ Anima a tus hijos a que hagan sus propios regalos y tarjetas para otras personas.

❖ Busca maneras de motivar la creatividad en tus hijos. Una niña de trece años hizo joyas de cuentas y las vendió para ayudar a pagar lo que costaba su matrícula a un campamento de música. Se divirtió en el proceso de crear algo, además del gozo de saber que había contribuido a los gastos del campamento.

❧ Enséñales a tus hijos a trabajar por sus «recompensas», las cosas adicionales que quieren, pero que no estén dentro del presupuesto de la familia. Realicen proyectos de trabajo como familia.

❧ Horneen juntos el pan. Haz que amasen el pan, lo estiren, le den forma y, por supuesto, lo coman. O hagan galletitas para decorar y compartir con amigos, abuelos u otros familiares.

❧ Visita una estación de radio o televisión, o la oficina del periódico de tu ciudad (llama por teléfono con anticipación). Luego deja que los niños representen su propia versión de un programa en la casa o que escriban un artículo, como si fuera para el periódico, acerca de un hecho en la escuela o en la iglesia.

❧ Si tienes una cámara de vídeo, permite que los niños hagan su propio programa. Se pueden incluir a las mascotas, otros niños, unas vacaciones familiares, o ser un documental de algo importante en la comunidad.

❧ Deja que los niños planeen un picnic especial, desde ir al supermercado contigo a comprar la comida, a prepararla y aun a poner la mesa cuando llegan al lugar del picnic en el que ayudaron a escoger.

Agrega tus propias ideas e intercambia algunas con otras mamás. Cuando nuestros hijos (de Quin) crecían, teníamos sobre la mesa de la cocina un cartel grande con el siguiente lema enmarcado. Lo leíamos con frecuencia antes de cenar. Todavía me encantan las palabras que expresaba para nuestra familia.

Dios nos hizo una familia.
Nos necesitamos los unos a los otros.
Nos amamos los unos a los otros.
Nos perdonamos los unos a los otros.
Trabajamos juntos.
Jugamos juntos.
Adoramos juntos.
Juntos usamos la Palabra de Dios.
Juntos crecemos en Cristo.
Juntos amamos a nuestros semejantes.
Juntos servimos a Dios.
Juntos esperamos ir al cielo.
Estas son nuestras esperanzas e ideas;
Ayúdanos a lograrlas, oh Dios;
Por medio de Jesucristo nuestro Señor, amén[5].

Oración

Señor, gracias por ponernos en familias. Muéstranos cómo nos podemos afirmar los unos a los otros y hacer que cada uno se sienta aceptado, y muéstranos cómo nos podemos divertir más juntos. Danos ideas creativas a fin de forjar recuerdos felices para nuestros hijos, recuerdos que les duren toda la vida. Gracias por darnos tu Palabra, un libro maravilloso de «recuerdos». Amén.

Pasajes bíblicos para la Meditación

«Me has dado a conocer la senda de la vida; me llenarás de alegría en tu presencia, y de dicha eterna a tu derecha» (Salmo 16:11).

«Canten al SEÑOR con alegría, ustedes los justos; es propio de los íntegros alabar al SEÑOR [...] Cántenle una canción nueva; toquen con destreza y den voces de alegría» (Salmo 33:1, 3).

«Gran remedio es el corazón alegre, pero el ánimo decaído seca los huesos» (Proverbios 17:22).

«Luego Nehemías añadió: Ya pueden irse. Coman bien. Tomen bebidas dulces y compartan su comida con quienes no tengan nada, porque este día ha sido consagrado a nuestro Señor. No estén tristes, pues el gozo del Señor es nuestra fortaleza» (Nehemías 8:10).

«Si obedecen mis mandamientos, permanecerán en mi amor, así como yo he obedecido los mandamientos de mi Padre y permanezco en su amor. Les he dicho esto para que tengan mi alegría, y así su alegría sea completa» (Juan 15:10-11).

«Y los discípulos se quedaron llenos de alegría y del Espíritu Santo» (Hechos 13:52).

12

El poder para iniciarlos
en la adultez

En busca de la visión de Dios para el futuro de tus hijos

*Mantengamos firme la esperanza que profesamos,
porque fiel es el que hizo la promesa.*

HEBREOS 10:23

*Hace años, cuando me convertí en madre,
comencé un viaje que ha revolucionado mi vida.
Empecé un viaje a mi corazón. Mientras cuidaba
a mis dos hijas, llegué a ver que, con su amor, necesidades
y demandas diarias, me moldeaban de maneras que apenas
podía percibir [...] Debido a mis hijas he llegado a tener más
paciencia, esperanza, aceptación y a ser menos perfeccionista.*

*Por mi parte, he dado forma a las vidas de mis hijas,
moldeándoles su sentido de autoestima, sus valores
y su conciencia, así como sus sentimientos en cuanto
a la intimidad. En pocas palabras, he tocado sus mismas almas.
Tal es la maravilla y el poder del amor de madre[1].*

DRA. BRENDA HUNTER

Una madre guiada por el Espíritu necesita el apoyo del poder del Espíritu Santo para cada etapa de su experiencia de madre. Sin embargo, lo necesita de manera especial cuando uno de sus hijos está listo para dejar el hogar e iniciar su adultez.

Desde que nacen, sabemos que a la larga abandonarán el nido y vivirán en forma independiente de mamá y papá. Aun así, saber eso, y sentir que los hemos preparado de manera adecuada para esta realidad, son dos cosas distintas.

Dios tiene un plan

Mientras preparábamos una lista de «cosas para hacer» en cuanto a preparar a su hijo para el futuro, las mamás que hablaron con nosotras dijeron que hicieron todas estas cosas o la mayoría de ellas:

* asegurarles a sus hijos que los aman de forma incondicional

* les hablaron de Jesús y de su promesa de salvación desde que eran muy pequeños

* oraron con ellos y les enseñaron a orar, y a hablar siempre con Dios en cuanto a sus problemas

* los llevaron a la iglesia con regularidad, incluyendo las reuniones de jóvenes

* asistieron a las actividades de sus escuelas y a las relacionadas con la escuela tan a menudo como les fue posible

* llegaron a conocer muy bien a sus amigos

* se involucraron en estar juntos en «tiempo familiar» tanto como les fue posible

* los ayudaron a que aprendieran a asumir sus responsabilidades al asignarles deberes y tareas apropiadas

* trataron de ser justas y consecuentes cuando aplicaban disciplina

❋ los ayudaron a administrar el dinero con responsabilidad

❋ trataron de inculcarles valores cristianos siendo un buen ejemplo

❋ les proveyeron la mejor enseñanza académica posible

Es probable que ningún padre obtenga el máximo de puntos en una lista como esta, pero si nos enfocamos en Dios en nuestros esfuerzos, Él puede redimir nuestros errores y ayudarnos a mejorar. Su fuerza puede capacitarnos para aprender a través de nuestras experiencias en cada dificultad, y ayudarnos a alentar a otras personas a lo largo del camino.

«Dios tiene un plan y un propósito para tu vida», les decía (Quin) a menudo a mis hijos cuando eran pequeños. Mi esposo y yo sentimos que era esencial que entendieran esta idea desde muy temprano. Más tarde, cuando una de nuestras hijas asistía a la universidad, escuchó a un pastor decir lo mismo, pero agregó: «Ustedes tienen que averiguar cuál es ese propósito, ¡y llevarlo a cabo!». Ese probó ser un punto crucial en su vida mientras lloraba delante del Señor y le pedía que le mostrara lo que era. Después de la universidad, se matriculó en un instituto bíblico a fin de prepararse para ministrar en el extranjero.

Cuando Kathleen, ahora la madre de cinco hijos, asistió a una universidad cristiana, no tenía idea de que sus clases bíblicas les probarían más tarde que eran una fuente de inmensa fortaleza para ella como mamá.

«La Palabra de Dios depositada en mi espíritu me dio un sólido fundamento bíblico», dijo. «Más tarde escuché que aprender de memoria versículos bíblicos puede compararse a preservar o envasar comida para el invierno. He descubierto que no solo esos versículos guardados proveen lo que necesito ahora en la crianza de mis hijos y en cuanto a prepararlos para el futuro, sino que me dieron consuelo cuando perdimos a nuestro hijo de ocho años con cáncer. Dios usó su Palabra para ayudarnos a pasar por todo eso».

Kathleen dice que le pide al Espíritu Santo que la guíe, la dirija y le dé fuerza a través del día mientras atiende a su familia y trabaja a tiempo parcial en el negocio de su esposo. «Estoy tratando de no ser tan perfeccionista y de no regañar mucho a mis hijos, sobre todo en lo que respecta a que limpien sus cuartos. A pesar de eso, les quito privilegios si no hacen sus tareas regulares en la casa. El cuidado de los animales y cortar el césped en las hectáreas alrededor de nuestra casa les ayuda a ser hijos responsables que van a estar mejor preparados para la adultez».

Mary Elizabeth es una mamá que aprendió que podía confiar en Dios para iniciar a sus hijos en sus futuros proveyéndoles la preparación que necesitaban para sus respectivas carreras. Con todo, eso significó entregarse a la dirección del Espíritu Santo, aun cuando iba en contra de sus propios planes.

La promesa de provisión de Dios

«A través de los años he descubierto que si recibo una palabra del Señor, ya sea de la Biblia o una que me habla al corazón, me puedo enfrentar a casi todas las cosas», nos dijo Mary Elizabeth.

Debido a que estaba preocupada por proveerles estudios universitarios a sus cinco hijos, hizo planes para volver a su carrera de enfermera a fin de ayudar a pagar las matrículas universitarias. Aun así, cada vez que decidía volver a su trabajo, se encontraba con que estaba embarazada otra vez. Mientras tanto, trabajó de encargada en ayudar a los escolares a cruzar la calle, con el propósito de estar en casa con sus hijos y ganar algo de dinero.

«Un día, mientras hablaba con el Señor, Él me habló con toda claridad», dijo. «Me pidió que le entregara mi deseo de una carrera de enfermera y que me quedara en el hogar para criar a mis hijos, manteniéndolos cubiertos con oración. No veía eso de no trabajar como una solución; pero sentí que Él me mostraba que cada niño tenía un llamado especial, y que Él quería que les enseñara y orara para que entraran en su plan para sus vidas. Si hacía eso, Él proveería todo lo necesario para la universidad».

Mary Elizabeth obedeció al Señor y su esposo la apoyó por completo. Entonces, como era de esperar, las tormentas de la duda y la culpa llegaron con mucha fuerza. Esther, la hija mayor, se matriculó en una universidad cristiana, lo que la ayudaría en su preparación para su sueño de ser misionera. Obtuvo algunas becas, pero el balance de cuatro mil trescientos dólares debía pagarse en unas semanas.

«Sabía que el Señor había prometido *provisión total*, pero apenas teníamos el dinero suficiente para cubrir los gastos del hogar, mucho menos para pagar la matrícula de la universidad», dijo Mary Elizabeth. «Esther se sentía cada vez más frustrada y disgustada preguntándose si en realidad había escuchado al Señor. Yo me iba a mi cuarto y buscaba a Dios y leía otra vez la Palabra que me había dado años atrás, para volver a tener fuerzas para la batalla.

»Unos diez días antes de comenzar las clases, nos enteramos de que había obtenido una beca de cuatro mil trescientos dólares para su primer año universitario. Esa cantidad, justo lo que nos faltaba, la enviaban directo a la universidad. A través de los años desde esa victoria, Dios ha provisto con fidelidad para todos los estudios de nuestros hijos mientras se preparaban para servirlo como misioneros. Dios ha sido fiel a su Palabra»[2].

Debido a que ha tenido hijos en la universidad durante los últimos trece años, Mary Elizabeth ha tenido que llegar a un lugar de completa confianza en la provisión de Dios. Y a medida que ha aprendido a confiar en Él, también lo han hecho su esposo y sus hijos. En la actualidad, los hijos mayores sirven en varios campos misioneros, y la menor se graduó de enfermera y ministra con su esposo médico en los barrios pobres del centro de la ciudad. Ahora el enfoque de esta mamá es orar por todos sus hijos y por sus cónyuges en sus lugares de servicio.

Persiste con el amor de Dios

Cuando hace poco visité (Quin) a mi compañera de oración de tantos años y mentora, Fran Ewing, le pregunté qué consejos les daría a las madres jóvenes de hoy. Esta fue su respuesta:

> Amar al Señor te pone en una posición de recibir el amor de Dios. Tú no puedes dar lo que no tienes. Sin embargo, el amor de Dios fluyendo a través de ti hace que seas una mamá amorosa que puede resistir las pruebas presentes con la mirada en el futuro. Toda prueba tiene un fin, así que es importante mirar la perspectiva final y no solo enfocarse en la situación del momento.

> Podemos depender en que Dios nos dé la gracia, el deseo y el poder para hacer su voluntad, aun en las situaciones difíciles. Debemos decidir que vamos a invertir en nuestros hijos y en sus futuros y declarar: «Voy a poner mi vida por ellos. Voy a amar y a criar a estos hijos y, con la ayuda de Dios, voy a dejar de lado mis propios deseos y propósitos. ¡No voy a desistir!».

Hemos hablado con muchas mamás que decidieron que sin importar lo difícil que sea el problema en que se encuentran sus hijos, van a interceder en oración hasta que ocurra un cambio. En nuestra próxima historia, conocerás a una mamá que hizo todo lo posible por ser la mejor mamá, pero que seguía viendo que la vida de su hija iba en una espiral cuesta abajo. Negándose a creer las oscuras predicciones para el futuro de su hija, tomó cartas en el asunto mediante la oración e intervino para ver que la vida de su hija volviera al buen camino.

Una batalla con las drogas

Rita estaba consternada cuando se enteró que Joanie, su hija de diecisiete años, experimentaba con drogas, pero aun se sintió más aturdida cuando supo que su hija conseguía las drogas con jóvenes que asistían a la misma escuela cristiana que su hija. Los administradores del instituto, que de plano negaron que hubiera problemas de drogas en su institución, no la apoyaron.

No solo Rita oró mucho pidiéndole a Dios que la ayudara, sino que ella y su hija a través de esto se volvieron muy activas e investigaron la manera de enfrentar el problema. Debido a que las notas de Joanie eran tan bajas, parecía que no se iba a graduar. Rita presentó una petición al comité académico para que dejaran graduar a su hija, y al final accedieron. Uno dijo: «De todas maneras, es obvio que nunca irá a la universidad».

Esta decidida mamá se tomó un día para ir a una montaña desde la cual se veía la ciudad, a fin de orar y ayunar por Joanie. Su oración específica fue: «Dios, abre sus ojos y abre sus oídos para que pueda ver y oír el mal, y que se aparte enseguida de él».

Esa noche, a las dos de la mañana, Joanie la llamó a su teléfono celular. «Mamá, lo siento mucho, lo siento...», dijo casi sin aliento. «No creo que pueda llegar a casa. Tal vez nunca más te vuelva a ver».

Rita se brindó para ir a buscarla, pero Joanie insistió en que era demasiado peligroso y que tenía que seguir corriendo para escapar de los malvados que la perseguían. Entonces corrió hasta el apartamento de su prima que, cuando la vio, la llevó de inmediato a la sala de emergencia. Los médicos que la trataron le dijeron tajantes: «Vas a morir si sigues por el camino que vas».

Joanie nunca le contó a su madre los hechos de esa noche, excepto que había escuchado una voz que le dijo: «Huye. Corre lo más rápido posible». Rita está convencida de que fue la voz del Espíritu Santo en respuesta a sus oraciones.

Poco después de esto, cuando madre e hija asistieron juntas a una reunión de jóvenes, el corazón de Joanie comenzó a volverse hacia Dios una vez más. Se graduó del instituto de enseñanza media y luego de mudó a varios cientos de kilómetros de su hogar para asistir a una instituto bíblico.

«En el instante en que cruzó ese lugar, sucedió algo milagroso. Se sanó al instante de su deseo de tomar drogas», informa Rita.

Con su fe renovada y su corazón arraigado con firmeza en la Palabra de Dios, Joanie volvió a su hogar un año más tarde y se matriculó en una universidad cristiana. Ahora ha terminado dos años de estudio y espera continuar sus estudios en el campo de la medicina a fin de ayudar a otras personas.

Como mamá joven, no tienes que temer a los años de la adolescencia, pero te ayudará si decides con antelación que vas a estar firme en oración por tus hijos cualesquiera que sean las pruebas y tentaciones que vengan. Eso es lo que hizo Rita, y esa es la clase de resolución que vemos en la próxima historia.

Depende por completo de Dios

Gloria y su esposo, un pastor, criaron a sus cuatro hijos en la iglesia y tenían grandes esperanzas para su futuro. Sin embargo, para cuando los jóvenes llegaron a los primeros años de la adolescencia, supieron que tres de ellos eran adictos a las drogas o al alcohol. El hijo menor decidió que no quería seguir el ejemplo de sus hermanos. En lugar de eso, se unió a una religión oriental.

Sus hijos «descarriados» no eran un buen ejemplo para los jóvenes de la iglesia, pero la preocupación principal de Gloria era verlos llegar a ser hombres piadosos y responsables.

«Cuando su mundo es caótico, uno descubre que hay que depender por completo de Dios a fin de obtener sabiduría», dijo. «Uno no tiene control sobre las elecciones de otras personas, así que nos debemos apoyar en el Señor aun más. He descubierto que las crisis hacen que uno se acerque más a Cristo».

¿Cómo enfrentó las presiones? Nos lo dice con sus propias palabras:

❧ Me uní a un grupo de apoyo de padres con hijos con los mismos problemas que los míos. A medida que comenzaba a superar el sentimiento de culpa, este grupo me ayudó a volver a ganar mi dignidad como persona.

❧ Escuchaba música cristiana todo el día, tanto en la cocina como en los dormitorios de mis hijos. Me enfoqué en quién es Dios y no en la forma en que actuaban mis hijos.

❧ Con el conocimiento de que mis hijos se dedicaron al Señor y que se criaron según los principios bíblicos, me aferré al pasaje que dice que la Palabra de Dios no volverá a Él vacía (véase Isaías 55:11). Sabía que algún día volverían a sus raíces cristianas. La parte difícil era esperar, en especial los días que eran rebeldes o que me gritaban con enojo.

❧ No me enfoqué nada más en el ahora, sino en sus futuros. Oré por sus elecciones, incluyendo cónyuges piadosas para cada uno de ellos, y por carreras apropiadas para los talentos y personalidades de cada uno.

❧ Le declaré a Dios que nada cambiaría mi relación con Él, ni siquiera si moría uno de mis hijos. Amaba y adoraba a Dios por quién es Él y había decidido que Él era primero en mi vida.

❧ Persistí en la oración. Oré las Escrituras para mis hijos, declarando las promesas de Dios para nuestra familia. Escudriñé la Biblia con cada vez más profundidad.

❧ Busqué la ayuda de dos amigas fieles que oraran conmigo en forma regular por teléfono. Se podían identificar con mis «oraciones de mamá», y fueron mis firmes alentadoras. Podía llamarlas a cualquier hora y oraban conmigo.

❧ Mantuvimos «una puerta abierta» de modo que los mucha-chos sabían que podían regresar al hogar cuando necesi-taran hacerlo y que los recibiríamos.

Gloria recuerda el día que un hijo sucio, delgado y con el cabello descuidado, golpeó a su puerta. Casi no le reconoce. «Ayúdame, mamá. Necesito ayuda», le rogó. Una vez más, ella y su esposo lo ingresaron en un centro de rehabilitación de dro-gas. A otro de sus hijos lo detuvieron por posesión de drogas y pasó la noche en la cárcel, pero llamó a su madre desde allí y le dijo: «Mamá, ahora Dios tiene toda mi atención».

Dios intervino en cada una de sus vidas, y hoy los cuatro hijos sirven al Señor y tienen una relación llena de amor con sus padres. Años de perseverar en oración y de confiar en la ayuda del Espíritu Santo fueron determinantes en la vida de esta familia.

Confianza tenaz y valor

Al igual que Rita y Gloria, cada una de nosotras enfrentará experiencias cuando nuestros mejores esfuerzos parezcan ser en vano y es muy fácil que se tambalee nuestra fe. Puedo (Ruthanne) volver la vista atrás a la época cuando oraba por una situación con uno de nuestros hijos, solo para ver que las cosas empeora-ban en lugar de mejorar. Hubiera sido fácil dejar de orar, que por supuesto es lo que el enemigo me tentó para que hiciera.

No obstante, tengo que mantener mi confianza en un Dios que puede tomar lo que el diablo quiere usar para mal y volverlo en algo bueno. He aprendido el valor de ser persistente en la oración sin importar lo desalentadoras que parezcan las circunstancias. En tales momentos hago esta declaración. Es posible que tú quieras hacerla también:

Señor, no entiendo lo que está pasando en el ámbi-to natural en cuanto a esta situación con mi hijo. Aun así, decido creer que tú estás trabajando en el

ámbito espiritual de formas que no puedo ver. Sé
que tu poder es mayor que todo el poder del enemigo.
Tu Palabra declara en Santiago 5:16 que la oración
del justo es poderosa y eficaz, y yo soy justa por la
sangre de Jesús. Por lo tanto, sigo firme en la fe y
confío en que harás lo máximo para traer gloria y
honor a tu Hijo en la vida de mi hijo.

Como mencioné antes, mi esposo y yo (Quin) peleamos
una batalla de cinco años en oración usando las promesas de la
Biblia para ver a nuestros tres hijos regresar de la tierra del enemigo. ¿Qué hubiera pasado si hubiéramos dejado de orar en dos
o tres años? Ser persistente quiere decir que uno tiene la resolución
o la tenacidad para confiar en las promesas de Dios. A eso es a lo
que nos aferramos día tras días de desaliento hasta que vimos la
victoria.

Una de nuestras parábolas bíblicas favoritas se encuentra en
Lucas 11:5-13, en la que Jesús habla de un hombre que golpeó a
la puerta de su amigo a la medianoche pidiéndole tres panes
para sus huéspedes que habían llegado sin avisarle. El amigo le
dice que se vaya y se niega a levantarse, pero el hombre sigue gol-
peando. Debido a su tenacidad, su amigo al fin se levanta y le da
todo lo que le pidió.

Jesús concluye con estas palabras: «Así que yo les digo: Pidan,
y se les dará; busquen, y encontrarán; llamen, y se les abrirá la
puerta. Porque todo el que pide, recibe; el que busca, encuentra;
y al que llama, se le abre» (Lucas 11:9-10).

En otras palabras, el Señor nos enseña a ser persistentes,
valientes y específicas cuando le pedimos que nos responda a
nuestras oraciones.

Cuando oras con una amiga

«Tengo una sensibilidad diferente para las aflicciones debido a las pruebas por las que he pasado», dijo Sherri, esposa de un

pastor de una iglesia grande en una ciudad. «He aprendido que casi siempre hay otra mujer en la iglesia que lucha con un problema similar. Si necesitas ánimo, ve a una persona que proporciona ánimo. Si tienes un hijo rebelde, ve a una madre que ha orado hasta que su hijo obtuvo la victoria. Debemos humillarnos y pedirle a alguien más que ore por nosotras y que hable verdad en nuestras vidas».

Las compañeras de oración te dan fuerzas. Si tu esposo ora contigo, es muy bueno. Juntos pueden construir una intimidad espiritual a medida que se someten a la dirección del Espíritu Santo; pero seamos realistas. No todos los esposos están dispuestos a hacerlo, ni van a dedicar el tiempo para orar con sus esposas. Así que pídele a Dios que te dé la amiga adecuada para que llegue a ser tu compañera de oración. Las personas que oran juntas deben tener preocupaciones y metas similares, y sus enfoques deben ser iguales.

He aquí algunas pautas para seguir cuando se ora con una compañera de oración:

* Tengan un tiempo específico de oración, y comprométanse a orar a esa hora. Oré (Quin) por teléfono con mi amiga Lib durante cinco minutos a las ocho de la mañana todos los días hábiles durante muchos años. El enfoque de nuestras oraciones eran nuestros hijos. Comenzamos cuando teníamos bebés y continuamos hasta que nuestros hijos salieron para estudiar en la universidad. Más tarde, cuando me mudé a otro lugar, me juntaba con otras tres mujeres, los lunes por la tarde a las cinco y media para orar durante una hora. El énfasis de nuestra oración era nuestras familias.

* Establece un tiempo límite. Por favor, no descuides a tu familia pasando demasiado tiempo con una amiga. Busca el equilibrio y mantén las prioridades. Hoy en día, muchas

mujeres intercambian peticiones de oración a través de los correos electrónicos.

✤ Sé considerada y no ocupes todo el tiempo de oración con tus peticiones. Dales oportunidad para orar a las otras personas.

✤ Sé sincera, confiable, humilde y perdonadora.

✤ Evita los juicios, la cháchara ociosa y los chismes. Ora; no discutas los asuntos.

✤ Escoge una compañera de oración que le agraden tus hijos y que comprenda a tu familia.

✤ Establece el propósito para la oración. Mantenla enfocada[3].

Jesús dijo: «Además les digo que si dos de ustedes en la tierra se ponen de acuerdo sobre cualquier cosa que pidan, les será concedida por mi Padre que está en el cielo. Porque donde dos o tres se reúnen en mi nombre, allí estoy yo en medio de ellos» (Mateo 18:19-20).

Jesús siempre estuvo de acuerdo con su Padre celestial. De igual forma, nosotros deberíamos preguntarle al Señor cuál es su voluntad en una situación y luego orar en concordancia, o como uno solo, con una compañera de oración hasta que veamos resultados. En forma especial necesitamos compañeras de oración que sepan la Palabra, que estén dispuestas a escuchar la dirección del Espíritu Santo y que puedan estar de acuerdo en un asunto. Lo ideal es que se mantengan firmes y oren con nosotras hasta que se abra un camino y más allá.

Firmes a través de las tormentas

Al final, todas las mamás guiadas por el Espíritu Santo van a dejar que sus hijos sigan la dirección de Dios mientras los observan en la línea de banda y siguen orando por ellos. Este proceso de llegar a ser una madre guiada por el Espíritu adopta una dimensión más profunda a medida que aprendemos a apoyarnos cada vez más en Cristo, y le agradecemos por sacarnos de las tormentas en el pasado.

Algunas veces lo más difícil es observar a nuestros hijos atravesar por una tormenta por sus propios medios a medida que aprenden a poner su confianza en Dios. El autor William Gurnall sugiere que una de las razones por la que Dios no nos libra siempre de la tormenta con la rapidez que le gustaría hacerlo, es para darle a nuestra fe la oportunidad de fortalecerse. Él usa la analogía de aprender a caminar:

> Cuando una madre le enseña a caminar a su hijo, se para un poco más atrás y toma al niño de la mano, indicándole que vaya hacia ella. Ahora bien, si ejerce su fuerza para ir hacia el niño, no le hace ningún favor, porque a sus tambaleantes piernas se les ha negado la práctica que precisan. Si lo ama, lo va a dejar sufrir un poquito para asegurar su futura salud. Del mismo modo, debido a que Dios ama a sus hijos, a veces los deja que luchen para que se les fortalezcan las piernas de su tambaleante fe[4].

¡Qué difícil es para nosotras ver luchar a nuestros hijos! ¿Pero no es así que llegamos a donde estamos en nuestro andar cristiano? A medida que nos tambaleamos tratando de estar firmes sobre los pies, Dios estaba allí extendiéndonos la mano siempre. Y podemos confiar en que Él hará lo mismo por nuestros hijos a medida que los impulsamos para iniciar su vida de adultos.

Su poder está disponible en todo tiempo

Hemos visto a través de este libro la forma en que las mamás pueden contar con que el Espíritu Santo las ayude en su agotador papel de criar a sus hijos. Hemos aprendido que:

❀ Necesitamos la ayuda del Espíritu Santo para criar a nuestros hijos a fin de que sean adultos responsables y llenos de amor, así como siervos influyentes de Dios.

❀ A través de su dirección, podemos vencer nuestros temores y encontrar una paz duradera.

❀ Nuestros puntos débiles pueden llegar a ser puntos fuertes a medida que aprendemos a depender más del poder de Dios para ayudarnos.

❀ Él puede ayudarnos a establecer límites piadosos y a disciplinar con amor.

❀ Puede encargarse de todos nuestros «si al menos» y sanar nuestra culpa.

❀ Nos puede dar sabiduría y discernimiento para alcanzar y enseñar a cada hijo.

❀ Nos puede ayudar a perdonar a nuestros familiares y a nosotras mismas.

❀ Durante tiempos de presión, su ayuda calma nuestro paso desesperado.

❀ Puede proveer bienestar físico y emocional para nuestros familiares.

❀ Nos puede capacitar para ser mentoras de nuestros hijos y ayudarlos a edificar una vida de fe.

❀ Cuando nos apropiamos del gozo del Señor, podemos disfrutar de la vida familiar.

❀ A través de la persistencia en la oración veremos que nuestros hijos alcanzan y logran el propósito de Dios para sus vidas.

Es posible que comiences tu trayectoria como una mamá que se pregunta cómo va a cumplir la enorme responsabilidad que le ha confiado Dios. No obstante, con el Espíritu Santo como tu ayudador para darte sabiduría paso a paso, *puedes* enfrentar el desafío y también encontrar gozo en el camino. Antes de que te des cuenta, tus hijos se estarán preparando para dejar el nido y tú te estarás preguntando cómo es posible que los años pasaran con tanta rapidez.

De modo que no importa lo alto que lleguen a ser, cuántos errores cometan, cuán maduros sean, cuántas aflicciones sufran, ni cuántos logros alcancen, tú nunca dejarás de ser mamá. Estarás agradecida para siempre a Dios por su fidelidad hacia ti y tus hijos, y siempre tendrás recuerdos maravillosos para atesorar en tu corazón.

Oración

Gracias, Dios, por tu fidelidad hacia mí a través de los años. Veo tus bendiciones en las veces que has intervenido en muchas situaciones en las que pensaba que no había esperanza. Sigue dándome tu fortaleza y sabiduría para criar a mis hijos de modo que sigan tu voluntad. Cuando miro a la tormenta en lugar de mirar a tu grandeza, acércame a tu presencia. Tú eres un Dios maravilloso y un Padre fiel. Muchas gracias por mandar al Espíritu Santo para que me enseñe cómo ser una mejor madre. Te amo, Señor. Amén.

*P*asajes bíblicos para la *M*editación

«Pero José les respondió [...] En lo que a mí respecta, Dios ordenó para bien el mal que ustedes quisieron hacerme y me puso en el alto cargo que ahora desempeño a fin de que salvara la vida de mucha gente» (Génesis 50:19-20, LBD).

«Como está escrito: Ningún ojo ha visto, ningún oído ha escuchado, ninguna mente humana ha concebido lo que Dios ha preparado para quienes lo aman. Ahora bien, Dios nos ha revelado esto por medio de su Espíritu» (1 Corintios 2:9-10).

«Pues los sufrimientos ligeros y efímeros que ahora padecemos producen una gloria eterna que vale muchísimo más que todo sufrimiento. Así que no nos fijamos en lo visible sino en lo invisible, ya que lo que se ve es pasajero, mientras que lo que no se ve es eterno» (2 Corintios 4:17-18).

«No nos cansemos de hacer el bien, porque a su debido tiempo cosecharemos si no nos damos por vencidos« (Gálatas 6:9).

«Así que no pierdan la confianza porque esta será grandemente recompensada. Ustedes necesitan perseverar para que, después de haber cumplido la voluntad de Dios, reciban lo que él ha prometido» (Hebreos 10:35-36).

«Pon tu esperanza en el SEÑOR; ten valor, cobra ánimo; ¡pon tu esperanza en el SEÑOR!» (Salmo 27:14).

Apéndice

Aprende a orar las Escrituras

dmito (Quin) que cuando era una mamá joven, mis oraciones se basaban más bien en las crisis que en la fe. Cuando mis hijos se enfermaban, trataba de negociar con Dios. Ustedes ni se imaginarían lo que le había prometido a Dios sin saber que no era bíblico. En su mayoría, mis oraciones eran «bendícenos» cuando oraba por mi pequeña familia.

Entonces una noche, de rodillas en la oficina de un pastor, invité al Espíritu Santo a que fuera mi maestro. Y encontré que tenía que invitar su presencia todos los días. Entonces, también, tuve que preparar mi corazón confesando cualquier cosa sin perdonar, actitudes de juicio, desilusiones, ansiedad, falta de fe o cualquier cosa que me viniera a la mente que le era desagradable a Dios. Asimismo me ayudó alabarlo y adorarlo por ser quien es, no solo por lo que había hecho por mí.

Mientras buscaba en las Escrituras algunas formas de orar con más eficiencia, descubrí estas claves: Sé sincera con el Espíritu Santo. Cuando no sabes con exactitud qué decir cuando oras, pídele a Dios que te lo muestre. Tal vez Él ponga un versículo o una idea en tu mente, o incluso otra persona te diga algo que se relaciona de forma directa con esa oración que te preocupa (véase Romanos 8:26-27).

Notarás que estas pautas son muy prácticas:

⚜ Sé específica. Cuando Jesús le preguntó al ciego qué quería que le hiciera, el hombre respondió: «Rabí, quiero ver» (Marcos 10:51). Así también nosotras podemos hacer oraciones muy específicas.

✤ Sé persistente. Siempre es demasiado pronto para dejar de orar. Jesús cuenta una parábola que nos alienta a ser valientes y a tener tenacidad para «llamar, buscar, pedir», lo cual es una condición de pedir, buscar y llamar (véase Lucas 11:9-10).

✤ Ponte de acuerdo con una compañera de oración o con un grupo que te apoye en oración (véase Mateo 18:19).

✤ Básate en la Biblia. A medida que conocemos mejor la Biblia, crecemos para conocer a Dios de manera más íntima y comenzamos a entender cómo orar de acuerdo a su voluntad.

A menudo un versículo bíblico dice con exactitud lo que queremos decir, así que lo parafraseamos y lo hacemos nuestra oración. Por ejemplo:

«Te doy gracias, Señor, porque sé que los planes que tienes para mi hija (nombre) son de prosperarla y no de dañarla, planes para darle una esperanza y un futuro» (véase Jeremías 29:11).

«Señor, oro que pongas a los ángeles al cuidado de mis hijos, para que los guarden en todos sus caminos» (véase Salmo 91:11).

«Señor, oro que mi hijo (nombre) prospere en todas las cosas y en su salud, así como prospera su alma» (véase 3 Juan 2).

«Padre nuestro que estás en los cielos... venga tu reino, hágase tu voluntad en las vidas de mis hijos... apártalos de la tentación, y líbralos del maligno» (véase Mateo 6:9-10, 13).

«Señor, concédele a (nombre) el arrepentimiento que lleva al conocimiento de la verdad para que pueda volver a sus cabales y escapar de la trampa en que el diablo lo tiene cautivo y sumiso a su voluntad» (véase 2 Timoteo 2:25-26).

He aquí algunos ejemplos que quizá quieras incorporar a tus oraciones por tus hijos:

✤ Que Jesús sea formado en ellos (véase Gálatas 4:19).

✤ Que ellos, la simiente de los justos, sean librados del maligno (véanse Proverbios 11:21; Mateo 6:13).

✤ Que el Señor les enseñe y que grande sea su paz (véase Isaías 54:13).

✤ Que se preparen para discernir entre el bien y el mal, y que tengan una conciencia clara ante Dios (véanse Hebreos 5:14; 1 Pedro 3:21).

✤ Que las leyes de Dios estén en sus mentes y en sus corazones (véase Hebreos 8:10).

✤ Que escojan compañías que sean sabias, no necias; que no sean inmorales en lo sexual, borrachos, idólatras, calumniadores ni estafadores (véanse Proverbios 13:20; 1 Corintios 5:11).

✤ Que se mantengan puros sexualmente y que se guarden para su cónyuge, pidiendo que la gracia de Dios los ayude a cumplir este compromiso (véase Efesios 5:3, 31, 33).

✤ Que honren a sus padres (véase Efesios 6:1-3)[1].

Es una buena idea que ahora, mientras tus hijos son pequeños, plantes «oraciones de espera» para su futuro. Aprendí esto de una mamá que escribió sus oraciones en pedazos de papel en forma de huevo y los colocó dentro de su Biblia. Su petición era: «Señor, por favor incuba estas oraciones a tu tiempo perfecto». Años más tarde se regocijaba del fruto maravilloso en las vidas de sus hijos que vino en respuesta a esas oraciones de espera.

Recuerda, la jardinera sabia planta semillas pequeñas, pero luego tiene el sentido común de no arrancarlas en unos días para ver si hay una cosecha en camino. Así que tal vez tengamos que esperar que Dios nos traiga algunas respuestas a nuestras oraciones en su tiempo. Sin embargo, plantamos semillas buenas y con fe las seguimos regando con las Escrituras, oraciones, promesas y alabanza. Luego aguardamos con expectación el día que el Creador traiga una buena cosecha «porque fiel es el que hizo la promesa» (Hebreos 10:23).

NOTAS

Capítulo 1: No lo puedo hacer sola

1. Elizabeth George, *Cómo administrar la vida para mujeres ocupadas*, Editorial Unilit, Miami, FL, 2003, p. 97.

2. Annie Johnson Flint, «Su gracia es mayor», Himnos de la Iglesia, #328, traducido por Honorato Reza, © 1941, renovado 1969, Lillenas Publishing Co. Reservados todos los derechos. Derechos internacionales asegurados. Usado con permiso. © 1995 Publicadores Lámpara y Luz, Farmington, NM.

3. Tomato Cards, DCI Studios.

4. Tomado de *Census Bureau News*, junio de 2001, U.S. Census Bureau Public Information Office, Washington, D.C.

5. Glenda Malmin, *The Journey of a Mother's Heart*, Regal Books, Ventura, CA, 1999, p. 7.

Capítulo 2: El poder para tus temores

1. Lisa Bevere, *Out of Control and Loving It*, Charisma House, Lake Mary, FL, 1996, p. 106.

2. Max Lucado, *Aligere su equipaje*, Caribe-Betania Editores, Nashville, TN, 2001, p. 49 (del original en inglés).

3. Adaptado del libro de Quin Sherrer y Ruthanne Garlock: *A Woman's Guide to Breaking Bondages*, Servan Publications, Ann Arbor, MI, 1994, pp. 102-106.

4. Kathe Wunnenberg, *Grieving the Loss of a Loved One*, Zondervan, Grand Rapids, MI, 2000, pp. 148-150, 119. Usado con permiso.

Capítulo 3: El poder para tus puntos débiles y tus puntos fuertes

1. Miriam Neff, *Sisters of the Heart*, Thomas Nelson, Nashville, TN, 1995, pp. 27-28.

2. Herbert Lockyer, *All About the Holy Spirit*, Hendrickson, Peabody, MA, 1995, pp. 106-107. [Esta obra se publicó antes con el título *The Bread of God*, en 1949 por Union Gospel Press].

3. Lisa Bevere, *Out of Control and Loving It*, Charisma House, Lake Mary, FL, 1996, p. 124.

4. *Ibíd.*, p. 125.

5. *Ibíd.*, p. 126.

6. Elizabeth Sherrill, *All the Way to Heaven*, Fleming H. Revell, Grand Rapids, MI, 2002, pp. 129-130.

7. Susan Goodwin Graham, «Anne Graham Lotz: In Heavenly Places», en *LifeWise*, octubre-noviembre de 2002, pp. 9-10.

Capítulo 4: El poder para disciplinar con amor

1. Teresa A. Langston, *Parenting Without Pressure*, Pinion Press, Colorado Springs, 2001, pp. 47-48.

2. *Nelson's Illustrated Dictionary*, Thomas Nelson Publishers, 1996, PC Study Bible Ver. 30c New Reference Library, CD Rom.

3. Langston, *Parenting Without Pressure*, p. 48.

4. Brenda Armstrong, *The Single Mom's Workplace Survival Guide*, Servant Publications, Ann Arbor, MI, 2002, p. 82.

5. Kevin Leiman, *Making Children Mind Without Losing Yours*, Fleming H. Revell, Grand Rapids, MI, 2002, pp. 106, 110, 113.

6. Adaptado del libro de Sandra P. Aldrich, titulado *From One Single Mother to Another*, Regal Books, Ventura, CA, 1991, pp. 126-128. Usado con permiso.

7. Dr. Ross Campbell, *Si amas a tu hijo*, Editorial Betania, Miami, FL, 1992, p. 121 (del original en inglés).

8. *Ibíd.*, p. 120

9. *Ibíd.*, p. 122.

Capítulo 5: El poder para tus «Si al menos»

1. R.T. Kendall, «When You Can't Forgive Yourself», in *SpiritLed Woman*, diciembre-enero de 2002-2003, p. 26. Artículo de revista adaptado del libro de R.T. Kendall *Total Forgiveness*, Charisma House, Lake Mary, FL, 2002.

2. *Ibíd.*, pp. 26-27.

3. Adaptado del libro de Quin Sherrer con Ruthanne Garlock titulado *Cómo orar por nuestros hijos*, Editorial Unilit, Miami, FL, 1998, pp. 110-112. Usado con permiso.

4. James C. Dobson, *Tener hijos no es para cobardes*, Editorial Vida, Miami, FL, 1991, pp. 32-33.

Capítulo 6: El poder para encontrar respuestas

1. Elisa Morgan, *Mom to Mom*, Zondervan, Grand Rapids, MI, 1996, p. 33.

2. «Homeschooling Research», tomado del sitio Web de la organización Home School Legal Defense Association: www.hslda.org/research/faq.

Capítulo 7: El poder para perdonar

1. Joyce Thompson, *Preserving a Righteous Seed*, CTM Publishing, Dallas, TX, 1998, p. 37.

2. Mary Rae Deatrick, *Easing the Pain of Parenthood*, Harvest House, Eugene, OR, 1979, p. 40.

3. Adaptado de Debbi Hedstrom, «A Mom's Secret Weapon: Forgiveness», en *Aglow*, diciembre de 1987.

4. Corrie ten Boom, *Tramp for the Lord*, Fleming H. Revell, Grand Rapids, MI, 1974, pp. 179-180.

5. Adaptado del libro de Quin Sherrer con Ruthanne Garlock titulado *Cómo orar por nuestros hijos*, Editorial Unilit, Miami, FL, 1998, pp. 188-189, además de una entrevista complementaria. Usado con permiso.

6. *Ibíd.*

7. W.E. Vine, *Vine: Diccionario Expositivo de palabras del Antiguo y del Nuevo Testamento, Exhaustivo*, Editorial Caribe, Nashville, TN, 1999, p. 650.

8. *Ibíd.*

Capítulo 8: El poder para las presiones de la vida

1. Deena Lee Wilson, *A Mom's Legacy*, Regal Books, Ventura, CA, 1991, p. 136.

2. Adaptado de Diana Hagee, *La hija del Rey: Cómo llegar a ser la mujer que Dios quería que fueras*, Caribe-Betania Editores, Nashville, TN, pp. 52, 54 (del original en inglés).

3. Cheri Fuller, *Quiet Whispers from God's Heart for Women*, J. Countryman, Nashville, TN, 1999, p. 64.

4. *Ibíd.*, p. 65.

5. Oswald Chambers, *En pos de lo supremo*, Centro de Literatura Cristiana, Bogotá, Colombia, 2003, lectura del 1 de abril.

Capítulo 9: El poder para sanar

1. Según se citó en *Stories for a Faithful Heart*, compiladas por Alice Gray, Multnomah Publishers, Sisters, OR, 2000, p. 222.

2. Adaptado del libro de Quin Sherrer con Ruthanne Garlock titulado *Cómo orar por nuestros hijos*, Editorial Unilit, Miami, FL, 1998, p. 158. Usado con permiso.

3. *Ibíd.*, pp. 160-162.

Capítulo 10: El poder para guiar y aconsejar a tus hijos

1. Jani Ortlund, *Fearlessly Feminine*, Multnomah Publishers, Sisters, OR, 2000, p. 111.

2. Gloria Gaither, «Those Teachable Moments», en *Moody Monthly*, septiembre de 1978, pp. 91-92. Según citó Anne Ortlund en *Disciplines of the Home*, Word Publishers, Dallas, TX, 1990, p. 125.

3. Adaptado de Elisa Morgan, *Mom to Mom*, Zondervan, Grand Rapids, MI, 1996, pp. 85-86.

4. Esther Ilnisky, *Let the Children Pray*, Regal Books, Ventura, CA, 2000, pp. 34, 56.

5. Rachel Burchfield, «Teaching Children to Love the Word of God», en *Signs & Wonders Today*, septiembre de 2002, p. 5. Usado con permiso.

6. Ruth Bell Graham, *Legacy of a Pack Rat*, Oliver-Nelson Books, Nashville, TN, 1989, pp. 98-99.

Capítulo 11: El poder para disfrutar de la vida familiar

1. Edith Schaeffer, *What Is a Family?*, Baker Book House, Grand Rapids, MI, 1975, p. 62.

2. Adaptado de Quin Sherrer y Laura Watson, *A Christian Woman's Guide to Hospitality*, Servant Publications, Ann Arbor, MI, 1993, pp. 87, 88.

3. Adaptado de Quin Sherrer y Ruthanne Garlock, *Abuela, necesito tus oraciones*, Editorial Vida, Miami, FL, 2002, pp. 241-242.

4. «Wired Up», *Focus on Your Child*, p. 2.

5. «The Christian Family Standard», adoptado por The Family Life Committee de la Iglesia Luterana, Sínodo de Missouri. Citado en *Helping Families Through the Church*, Concordia Publishing, St. Louis, MO, 1957, sin página.

Capítulo 12: El poder para iniciarlos en la adultez

1. Brenda Hunter, *The Power of Mother Love*, Waterbrook, Colorado Springs, CO, 1997, p. xi.

2. Adaptado de Quin Sherrer y Ruthanne Garlock, *A Woman's Guide to Spirit-filled Living*, Servant Publications, Ann Arbor, MI, 1996, pp. 191-192, y entrevistas recientes. Usado con permiso.

3. Adaptado de Quin Sherrer, «Kindred Spirits –Prayer of Agreement», en *PRAY!*, diciembre-enero de 2003, pp. 35-36.

4. William Gurnall, *The Christian in Complete Armour* Volumen 1, edición condensada, editada por Ruthanne Garlock, Banner of Truth Trust, Carlisle, PA, 1986, p. 56.

Apéndice

1. Adaptado del libro de Quin Sherrer y Ruthanne Garlock titulado *The Spiritual Warrior's Prayer Guide*, Servant Publications, Ann Arbor, MI, 1992, pp. 158-159. Usado con permiso.

Lecturas recomendadas

Dr. Ross Campbell, *Si amas a tu hijo*, Caribe-Betania Editores, Nashville, TN, 1992.

Henry Cloud y John Towsend, *Límites para nuestros hijos*, Editorial Vida, Miami, FL, 1998.

James C. Dobson, *Cómo criar a los varones*, Editorial Unilit, Miami, FL, 2001.

James C. Dobson, *El amor debe ser firme*, Editorial Vida, Miami, FL, 1990.

Elizabeth George, *Cómo administrar la vida para mujeres ocupadas*, Editorial Unilit, Miami, FL, 2003.

Diana Hagee, *La hija del Rey*, Caribe-Betania Editores, Nashville, TN, 2003.

Barbara Johnson, *Salpícame de gozo en los pozos ciegos de la vida*, Caribe-Betania Editores, Nashville, TN, 1994.

Dr. Frank Minirth y Dr. Paul D. Meier, *¡Elige ser feliz!*, Casa Bautista de Publicaciones, El Paso, TX, 1998.

Quinn Sherrer y Ruthanne Garlock, *Cómo orar por nuestros hijos*, Editorial Unilit, Miami, FL, 1999.

Quinn Sherrer y Ruthanne Garlock, *Oraciones que las mujeres oran*, Editorial Unilit, Miami, FL, 1998.

Quinn Sherrer y Ruthanne Garlock, *Cómo orar por los hijos pródigos*, Editorial Unilit, Miami, FL, 2000.

Quinn Sherrer y Ruthanne Garlock, *Guerra espiritual: Una guía para la mujer*, Editorial Unilit, Miami, FL, 1993.

Gary Smalley y John Trent, *La Bendición*, Caribe-Betania Editores, Nashville, TN, 1990.

Gary Smalley y John Trent, *El don de la honra*, Editorial Vida, Miami, FL, 1987.

Gary Smalley y John Trent, *La llave al corazón de tu hijo*, Caribe-Betania Editores, Nashville, TN, 1984.

Referencias bibliográficas

A menos que se indique lo contrario, las citas bíblicas se tomaron de la Santa Biblia Nueva Versión Internacional. © 1999 por la Sociedad Bíblica Internacional.

Las citas bíblicas señaladas con LBD se tomaron de la Santa Biblia, *La Biblia al Día*. © 1979 por la Sociedad Bíblica Internacional.

Las citas bíblicas señaladas con RV-60 se tomaron de la Santa Biblia, Versión Reina Valera 1960. © 1960 por la Sociedad Bíblica en América Latina.

Las citas bíblicas señaladas con DHH se tomaron de *Dios Habla* Hoy, la Biblia en Versión Popular. © 1966, 1970, 1979 por la Sociedad Bíblica Americana, Nueva York.

Las citas bíblicas señaladas con TLA se tomaron de la *Biblia para todos*, © 2003. Traducción en lenguaje actual, © 2002 por las Sociedades Bíblicas Unidas.

Las citas bíblicas señaladas con LBLA se tomaron de la Santa Biblia, *La Biblia de Las Américas*. © 1986 por The Lockman Foundation.

Acerca de las Autoras

Quin Sherrer es autora de veintitrés libros, de los cuales quince es como coautora con Ruthanne Garlock. Entre estos se incluyen los éxitos de librería *Cómo orar por nuestros hijos* y *Guerra espiritual: Una guía para la mujer*. Quin y su esposo, LeRoy, tienen tres hijos adultos y seis nietos.

Ruthanne Garlock es la coautora de quince libros sobre la oración y asuntos afines, y de dos biografías misioneras. Es maestra de la Biblia que a menudo da conferencias en seminarios y retiros de mujeres. Ruthanne y su esposo, John, tienen una familia mixta de tres hijos adultos y cuatro nietos.